Brigitte Wilmes-Mielenhausen

Schlauzwerge

klecksen
kneten
matschen

Brigitte Wilmes-Mielenhausen

Schlauzwerge
klecksen
kneten
matschen

Kreativitätsförderung für Kinder von 1–3 Jahren

Mit Illustrationen von Antje Bohnstedt

HERDER

FREIBURG · BASEL · WIEN

Erläuterung der Symbole:

 Altersangabe in Jahren

 Einzelbeschäftigung

 Kleingruppe (3–5 Kinder)

 Spielort drinnen

 Großgruppe ab 5 Kinder
(max. 12 Kinder)

 Spielort draußen

MIX
Paper from
responsible sources
FSC® C010798
www.fsc.org

2. Auflage 2013

© Verlag Herder GmbH, Freiburg im Breisgau 2012
Alle Rechte vorbehalten
www.herder.de

Umschlaggestaltung: SchwarzwaldMädel, Simonswald
Illustrationen außen und innen: Antje Bohnstedt, Bretten-Sprantal

Satz und Gestaltung: Arnold und Domnick, Leipzig
Herstellung: Graspo CZ, Zlín
Printed in the Czech Republic

ISBN 978-3-451-32483-3

Inhalt

Einleitung

KREATIV-WERKSTATT FÜR DIE JÜNGSTEN

Raumvorbereitung

Kinder brauchen Räume, in denen sie Gegenstände und Materialien als kleine Forscher untersuchen und ausprobieren können. Auf diese Weise entwickeln sich ihre kreativen Fähigkeiten. Teilen Sie eine Ecke des Gruppenraumes als Bereich zum Malen, Gestalten und Werkeln mit einem Raumteiler ab. Oder richten Sie eine eigene Kreativ-Werkstatt (Atelier) in einem separaten Raum ein. Legen Sie Materialien in einem für die Kinder gut sichtbaren und erreichbaren Regal bereit. Ein verschließbares Fach für besondere Werkzeuge sollte außerdem vorhanden sein.

Ein Waschbecken mit Wasseranschluss in Kinderhöhe bzw. mit Fußbänkchen erreichbar ist optimal. Sie können jedoch auch Schüsseln oder Kanister mit Wasser bereitstellen.
Nutzen Sie die verschiedenen Dimensionen und Ebenen des Raumes:
Zum Malen im Stehen (übrigens eine bevorzugte Haltung kleiner Kinder) dienen Malwände, Staffeleien und Stehtische. Zum Gestalten im Sitzen werden (Gruppen-)Tische und Hocker benötigt. Für Aktivitäten im Liegen, Hocken und Knien sind der Fußboden und flache Podeste ideal. So haben die Kinder die Möglichkeit, beim Gestalten den ganzen Körper einzusetzen und Haltung und Bewegung ihren spontanen Bedürfnissen anzupassen. Übrigens können Sie auch Wasch- und Sanitärräume zum Malen mit Schaum, für Wasserspiele u. Ä. nutzen.

Materialien und angefangene Werke sollten über einen bestimmten Zeitraum sichtbar im Gruppenraum stehen bleiben. So werden die Kinder angesprochen, sich immer wieder aufs Neue mit einem bestimmten Material zu beschäftigen, ihre eigenen Produkte weiterzuentwickeln, Erfahrungen zu vertiefen (besonders im Freispiel). Wichtig ist es, den Kindern sehr viel Raum zum freien Experimentieren und Spielen zu lassen.

Wenn Sie fertige Kunstwerke der Kinder sichtbar ausstellen (mit Namen und eventuell Foto des jeweiligen Kindes), erfahren die kleinen Künstler, dass ihre Produkte wahrgenommen und geschätzt werden.

Für die Präsentation fertiger Werke eignen sich Klemmleisten, Pinnwände, Wäscheleinen, Regale, breite Fensterbänke und Vitrinen.

Fotografieren Sie die Kinder hin und wieder beim Malen, Modellieren, Gestalten, Bauen oder Werkeln, und hängen Sie die Fotos zur Dokumentation sichtbar in Kinderhöhe an die Wand. Schreiben Sie passende Kommentare unter die Fotos, z. B. indem Sie Äußerungen der Kinder wörtlich zitieren bzw. die persönliche Entstehungsgeschichte der Werke mit ein paar Sätzen zusammenfassen.

Auch Eltern können auf diese Weise in die Arbeit Einblick nehmen. Allerdings sollten Ergebnisse nicht in der Art einer „Leistungs-Show" dargeboten werden. Es ist wichtig, dass der Entstehungsprozess der künstlerischen Werke nachvollziehbar gemacht und auf die Besonderheit jeder einzelnen Arbeit hingewiesen wird. So regen die Werke eine Kommunikation zwischen den Kindern und der Umwelt an.

Dokumentieren Sie die kreative Entwicklung der Kinder, indem Sie fertige Werke und Fotos bzw. Berichte dazu in Sammelmappen / Ordnern über die gesamte Krippenzeit hinweg aufbewahren – als Portfolio. Am Ende der Krippenzeit kann die persönliche Sammlung dem jeweiligen Kind und seinen Eltern übergeben werden.

Materialien

Es gibt wechselnde Material-Angebote, die sich aus spontanen Situationen ergeben (z. B. Handwerker haben Kartons zurückgelassen, die Kinder zum Spielen nutzen ... Gerade hat es geschneit. Wir bauen mit Schnee ...) und *konstante* Angebote, die den Kindern – gut erreichbar – täglich zur Verfügung stehen sollten. Hier ein Überblick:

Vorschlag für die Grundausstattung

Raum

- Malwand
- Staffeleien (in Kinderhöhe – möglichst doppelseitig)
- Maltische zum Arbeiten im Stehen (Hocker dazu, wenn im Sitzen gearbeitet wird)
- Werkbank zum Hämmern (oder alter Tisch)
- Eventuell Wandspiegel
- Offenes Regal für Material (mit einem verschließbarem Fach)
- Klemmleisten / Pinnwände zum Ausstellen fertiger Kunstwerke
- Gestelle, Bretter, Leinen ... zum Trocknen der Bilder
- Zur Inspiration: Bilder bekannter Künstler (von Picasso bis Hundertwasser) an der Wand oder in Bildbänden zugänglich

Farben, Ton und andere Werkstoffe

- Farbpigmente
- Mit Wasser angerührter Tapetenkleister
- Fingerfarben, Lebensmittelfarben
- Temperafarben (in großen Flaschen / Töpfen)
- Aquarellfarben
- Bade- und Rasierschaum
- Tapete, Packpapier u. a. dicke Papiere als Malgrund (mindestens Format DIN A3)
- Dicke Pinsel mit kurzem Stil (vereinzelt auch lang)

- Maler-Rollen
- Weiche Zeichenkohle
- Dicke, weiche Buntstifte
- Aquarellstifte, Grafitstifte
- Verschiedene Kreiden
- Ton
- Selbst gemachte Knete
- Sand in Kisten, Wannen oder Sand-Spieltisch
- Naturmaterialien (Muscheln, Kastanien, Steine Tannenzapfen, Nüsse ...)
- Papier (Kataloge, Illustrierte, Zeitungen, Seidenpapier, Transparentpapier ...)
- Pappe (Kartons, Schachteln, Wellpappe, Papprollen, Bierdeckel ...)
- Stoffreste, Wolle
- Joghurtbecher, Holzabfälle

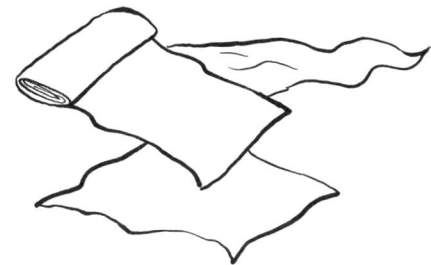

Zubehör
- Klebstoff (Stifte oder Tapetenkleister)
- Eventuell einfache Kinderscheren für U3
- Lappen, Schwämme
- Eimer / Wannen
- Schüsseln, Kannen, Kellen
- Planschbecken
- Schutzkleidung (Matschhosen, Malkittel, Ersatzkleidung)
- Wachsdecken / Planen zum Abdecken
- Schälchen zum Portionieren von Farben
- Behälter zum Aufbewahren der Materialien – z. T. durchsichtig und mit Schraubverschluss

BILDNERISCHES GESTALTEN IN DEN ERSTEN DREI LEBENSJAHREN

Je jünger das Kind ist, desto mehr steht die Materialerfahrung und das Ausprobieren von Werkstoffen im Vordergrund. Dabei kommt das Kind beim Malen, Formen, Modellieren oder Bauen zunächst zu Zufallsprodukten.

Im ersten Lebensjahr

dominiert das sog. „Spurenschmieren". Das Kind entdeckt zufällig, dass ein Material (Stift, Farbe) auf einer Oberfläche (z. B. Papier) in Zusammenhang mit einer Bewegung (der Hand, des Armes) eine sichtbare Spur (Linie oder Fläche) hinterlässt. Erkennt das Kind den Zusammenhang von Ursache und Wirkung, so ist es fortan bestrebt, die Wirkung (Spur) zunehmend bewusst zu wiederholen. Die entstandenen Spuren auf dem Papier sind eine Art „Aha-Erlebnis", beglücken die meisten Kinder und steigern ihr Selbstwertgefühl.

Im zweiten und dritten Lebensjahr

verfeinern sich die „Spuren", indem sich Feinmotorik und Augen-Hand-Koordination ausdifferenzieren. Typisch ist das sog. „Kritzelstadium", wobei Kinder mit Farben und Stiften bestimmte „Urformen" (z. B. Knäule. Spiralen, Kreise, Kreuze ...) produzieren. Dabei besteht ein enger Zusammenhang zwischen bildnerischem Gestalten und Bewegen des ganzen Körpers. Das Kind malt zum Beispiel mit dem ganzen Arm, meist bei gebeugtem Unterarm und gestrecktem Handgelenk.
Wenn an einen Kreis Striche als Gliedmaßen angehängt werden, ist der sog. „Kopffüßler" entstanden. Kinder benennen ihre Bildwerke oft spontan, während des Gestaltens oder im Nachhinein, wobei die Benennungen rasch wechseln (einmal ist der Kreis ein Ball, dann vielleicht ein Hund und schließlich Mama).
Mit zunehmendem Alter entdeckt das Kind, dass es bestimmte Gegenstände und Erscheinungen der Umwelt gezielt und planvoll darstellen und dass es über seine Werke mit der Umwelt kommunizieren kann.

TIPPS FÜR MEHR KREATIVITÄT IM ALLTAG MIT KINDERN

Erwachsene sollten den jüngsten Künstlern Freiräume schaffen, in denen sie aktiv werden können. Schablonen, „Bastelanleitungen" und festgelegte Handlungsanweisungen sind für die Kleinsten ungeeignet. Es ist nicht wichtig, dass genau das Ergebnis zu sehen ist, dass sich Erwachsene vorgestellt haben. Gestalten sollte ein offener Prozess sein, der auch zu ungewöhnlichen Lösungen führen kann. Auch wenn am Ende „nur" ein großes Matschen daraus hervorgeht, so kann dies eine wichtige Erfahrung von Ursache und Wirkung sein, ein lustvolles, befreiendes Erlebnis.

Hören Sie interessiert zu, was kleine Künstler zu ihren Werken erzählen. Vermeiden Sie Werturteile und Kritik. Auch Lob erweist sich meist als überflüssig. „Schön dein Bild!" ist oft lapidar und nichtssagend. Interesse und Bestätigung „Oh, du probierst etwas Neues aus" und vorsichtige Ermutigung und interessierte Fragen „Erzähle doch mal etwas zu deinem Bild" können dagegen ermutigend wirken.

> **Tipps für den Grips**
> Ein paar Informationen aus der modernen Hirnforschung: Den Kindern ständig Neues anbieten, damit sie sich nicht langweilen? Oder lieber immer das Gleiche, weil kleine Kinder Wiederholungen lieben? Die Lösung liegt genau in der Mitte: Besonders lernfördernd sind *bekannte* Angebote und Materialien, die Sie am besten immer wieder *leicht variieren*. So kann das Gehirn sie am besten verarbeiten!

Machen Sie die frühkindliche Kreativität zum Thema für einen Elternabend und informieren Sie, worauf es Ihnen in Ihrer Arbeit ankommt. Aber: „Probieren geht über Studieren!" Lassen Sie die Eltern einmal selbst „die Ärmel hochkrempeln" und Farben und Ton ausprobieren. So mancher Skeptiker hat schon auf diese Weise seine eigene Liebe zum Matschen und Formen für sich entdeckt und mehr Verständnis für die Bedürfnisse des eigenen Kindes entwickelt.

Auch Pädagogen sollten – z. B. im Kollegenteam – einmal selbst Hand anlegen und die Angebote, die sie für Kinder bereithalten, zuvor selbst für sich erproben. Eine gute Vorbereitung ist sehr wichtig!

Selbst tun macht stark!!!
Wählen Sie alle Angebote nach dem Entwicklungsstand und den Vorlieben der Kinder aus. Achten Sie darauf, dass die Kinder so viel wie möglich *eigenständig*, d. h. ohne Assistenz von älteren Kindern oder Erwachsenen gestalten können! Bauen Sie Raum und Material so auf, dass sich die Kinder *spontan angesprochen* fühlen und selbstständig zu experimentieren beginnen. Kinder unter 3 Jahren spielen zunächst bevorzugt nebeneinander bzw. malen und gestalten für sich allein, bevor sie mit anderen zusammen spielen. Deshalb brauchen sie auch Raum für sich, wo sie niemand stört, wo sie ganz versunken in ihr Tun sein können.

Die Tipps in diesem Buch gehen von wünschenswerten räumlichen, materiellen und personellen Bedingungen in einer Kinderkrippe aus. Dieser Rahmen ist in der Praxis natürlich nicht immer gegeben. Hier bleibt es der Kreativität des Lesers überlassen, die Anregungen auf die Bedingungen in der eigenen Einrichtung zuzuschneiden.

Ich wünsche allen kleinen Künstlern, Pädagogen und Eltern viel Spaß beim Gestalten, Malen, Werkeln und Experimentieren in der Krippen-Werkstatt!

Brigitte Wilmes-Mielenhausen

Werkstatt auf – Jetzt geht es los!!!

VON FLIESSENDEN FARBEN, SCHAUM-ABENTEUERN UND KRITZEL-STIFTEN

Geben Sie den Kindern die Möglichkeit, fließende Farben auf großen Flächen zu erleben. Das Malen mit (Finger-)Farben entspricht der Entwicklung ganz kleiner Kinder auf besondere Weise, weil hier großzügige Farbaufträge, weit ausholende Bewegungen und körpernahe Erfahrungen möglich sind.

Quarkfarbe

Material: Speisequark, Wasser, Schneebesen, Schüssel(n) aus Kunststoff, Plastikplane, eventuell Lebensmittelfarbe oder Pflanzensaft

Zubereitung:

- Rühren Sie Speisequark mit Wasser zu einer streichfähigen Paste,
- mit Lebensmittelfarbe evtl. einfärben,
- geben Sie die Masse in eine oder mehrere Schüsseln,
- breiten Sie auf dem Boden eine Plastikplane aus,

- stellen Sie die Schüsseln darauf,
- die Masse kann befühlt, auf den eigenen Körper oder auf die Plane geschmiert werden.

Hinweis: Der Raum sollte gut beheizt sein. So können die Kleinsten auch nur mit einer Windel bekleidet matschen.

Farben-Wasser

Material: leere Kunststoffflaschen, Leitungswasser direkt aus dem Wasserhahn (oder aus einer Kanne mit Trichter)
Für die Variation: unterschiedliche Grundfarben (z. B. von Lebensmittelfarben)

Die Kinder füllen die Plastikflaschen direkt am Wasserhahn oder mit Hilfe eines Trichters und einer Kanne. Hier kann erst einmal experimentiert und beobachtet werden, was alles möglich ist.
Variation: Wir färben das Wasser, indem wir etwas Farbe hineingeben, die Flasche zuschrauben und schütteln. Ist die Flasche nicht ganz voll, entstehen interessante Geräusche. Die Kinder können die Flaschen nach Farben sortieren und aufstellen oder im Spiel verwenden (sie z. B. eine Schräge hinabrollen lassen).
Beim Ausleeren der Farbe im Waschbecken, auf Papier oder Folie beobachten, wie sich die Farben mischen.

Mehlfarbe

Material: (für ca. 4 Kinder) Plastikplane, Schüsseln aus Kunststoff, Schneebesen, 4 Tassen Mehl, 250 ml Wasser, Lebensmittelfarbe oder Pflanzensaft

Zubereitung:

- Mehl und Wasser in einer Schüssel mit dem Schneebesen verrühren,
- evtl. mit Lebensmittelfarbe oder Saft einfärben,
- breiten Sie die Plastikplane auf dem Boden aus,
- verteilen Sie das Mehl-Wasser-Gemisch auf mehrere Schüsseln,
- lassen Sie die Kinder den „Mehl-Brei" befühlen und auf dem eigenen Körper oder auf der Plane verschmieren.

> **Vorher bedenken!!!**
> Bei Farbexperimenten sollte der Tisch mit einer abwaschbaren Wachsdecke, der Fußboden mit einer rutschfesten Folie geschützt werden.
> Die Kinder arbeiten mit Malkitteln (z. B. altes Oberhemd mit gekürzten Ärmeln), bei einigen Aktivitäten auch nur mit einer Windel bekleidet. Für Projekte im Freien sollten Matschhosen bereit liegen.

Bürsten, Bürsten ...

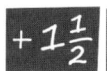

Material: ausrangierte (gereinigte) Zahnbürsten, Nagelbürsten, Schuhputzbürsten, Haarbürsten, Spülbürsten, kleine Handfeger, Kämme, Farbe (z. B. aus Kleister, Wasser und Pigmenten angerührt), große und feste Papierbögen

Jedes Kind kann sich ein paar Kleckse Farbe auf eine große Papierbahn geben, eine Bürste (oder einen Kamm) auswählen und damit die Farben auf dem Papier verschmieren. Auch die eigenen Hände können zusätzlich eingesetzt werden.

Fingerfarbe aus Maisstärke

Material: (für ca. 4 Kinder) 1 Tasse Maisstärke (Mondamin o. Ä.), 8 Tassen kaltes Wasser, Kochtopf, Schneebesen, Lebensmittelfarbe, Behälter (mit Schraubdeckel), festes Malpapier
Für die Variation: gekaufte Fingerfarbe (Kiga-Bedarf)

Zubereitung:
- Stärke und kaltes Wasser im Topf mischen und
- unter ständigem Rühren aufkochen lassen, bis die Masse eindickt.
- Den Topf von der Kochstelle nehmen,
- mit Lebensmittelfarbe (oder Pflanzenfarbe) einfärben, abkühlen lassen und in Behälter füllen.

Die Kinder können die Farbe auf Papier ausprobieren und Spuren hinterlassen.

Hinweis: Die natürliche Alternative zu Lebensmittelfarben sind Obst- und Gemüsesäfte, z. B. von Kirschen, Heidelbeeren, roter Beete, Möhren, Sud aus Spinat, Kamillenblüten, roten Zwiebelschalen.
Variation: Bieten Sie gekaufte Fingerfarbe aus Ihrem Materialbestand an.
(ab 2 Jahren)

Wasserspiele mit und ohne Schaum

Material: Wasserbehälter: große Schüsseln, Wannen (z. B. Faltwannen für die Babypflege), gekaufter Wasser-Spieltisch (Kiga-Bedarf), kleines Planschbecken u. Ä. – mit Wasser gefüllt

Zudem: Plastik-Becher (man kann zuvor ein paar Löcher in den Boden bohren), Kellen, Trichter, Plastikflaschen, Stücke von Plastikschläuchen, Schwämme

Für die Variation: Flüssige (Kinder-)Seife bzw. Kinder-Badeschaum, Schneebesen. Eventuell Badewasser-Farbe (z. B. von Tinti)

Stellen Sie Behälter mit (lauwarmem) Wasser draußen oder drinnen auf die Erde oder auf einen Tisch in Kinderhöhe.

Oder füllen Sie im Waschraum direkt Waschbecken, Waschrinnen oder Duschtassen mit Wasser. Bieten Sie Hilfsmittel zum Schöpfen, Gießen und Umfüllen an, z. B. Becher, Kellen u. Ä..

Interessant sind auch trockene Schwämme, die Kinder in Wasser tauchen und dann vielleicht wieder ausdrücken.

Variation: Geben Sie Flüssigseife bzw. Badezusätze ins Wasser. Die Kinder können mit einem Schneebesen Schaum schlagen. Wasser kann man auch mit Badewasser-Farbe färben.

Hinweis: Kinder im Spiel mit Wasser aufmerksam beobachten.

Die Kleinen am besten bis auf die Windel auszuziehen. Den Raum aufheizen und eine rutschfeste Bodenmatte auf die Erde legen. Ausreichend Badetücher bereithalten.

Wie auf Wolken:
Schaum-Farbe

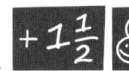

Material: Sprühsahne, Lebensmittelfarbe, Schüsseln, Abdeckfolie für den Boden, Papier oder Pappe, eventuell großer Spiegel
Für die Variation: Rasierschaum (ohne Parfum)

Breiten sie eine rutschfeste Folie auf dem Boden aus. Mischen Sie Sprühsahne mit Lebensmittelfarbe in einer Schüssel.

Reichen Sie den Kindern die farbige Sahne zum Matschen und Malen (auf dem Körper, der Folie, Papier / Pappe oder auf einem Spiegel).

Variation: Bieten Sie Rasierschaum an, der wie oben angegeben verarbeitet werden kann.

Erlebnisse mit Wasser und Schaum
Wasserspiele sind nicht nur draußen bei warmem Wetter möglich. Benutzen Sie Waschraum, Bad und Dusche als Erlebnisraum, denn dort darf es auch mal eine kleine Überschwemmung geben. Mal-Seifen und Körperfarben für Bad, Dusche und Außengelände (im Sommer) bieten die Möglichkeit, den eigenen Körper sinnlich-bunt zu gestalten.

Blubber-Kunst

Material: fertige Seifenblasen-Mischung, Pustespirale
Für die Variation: Strohhalm, Backblech, Lebensmittelfarbe, kleine Bögen Papier (möglichst rau)

Pusten Sie Seifenblasen, z. B. draußen oder im Bewegungsraum.
Schon kleine Kinder finden Gefallen daran, den schillernden Gebilden hinterher zu laufen und sie mit den Händen zu erwischen.
Variation: Seifenblasenmischung mit etwas Lebensmittelfarbe in einem Becher verrühren und mitten auf ein Backblech stellen. Nun pustet ein Erwachsener mit dem Strohhalm, bis viele Blasen über den Rand des Bechers klettern und sich auf dem Blech verteilen. Welches Kind möchte vorsichtig Papier auf die Blasen legen, bis sie platzen? Zurück bleiben auf dem Papier interessante Spuren. (ab 3 Jahren)

Hinweis: Kleine Kinder nicht ohne Aufsicht mit Seifenblasen-Flüssigkeit spielen lassen.

Welche Farbe darf es sein?

Schon früh können kleine Kinder Farben erkennen und unterscheiden. Die richtige Benennung der Farben ist noch nicht so wichtig und klappt meist erst ab dem 3. Geburtstag (in manchen Fällen auch eher). Kinder bevorzugen klare, kräftige Farben und Kontraste. Zunächst reichen die Grundfarben. Oft ist die Konsistenz allerdings wichtiger als der Farbton selbst. Hauptsache es geht schön matschig zu!

Kleister-Pigment-Farbe

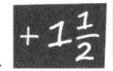

Material: (für 4–6 Kinder) 1 Tasse Tapetenkleister, 8 Tassen Wasser, Rührschüssel, Schneebesen, Farbpigmente (Pulver) (Menge je nach gewünschter Intensität), Tapete, Schälchen, Plastikplane, evtl. Klebeband

Zubereitung:

- Wasser in eine Schüssel geben,
- Tapetenkleister unter kräftigem Rühren einstreuen,
- Farbpigmente dazu geben und nochmals kräftig umrühren,
- kurz ruhen lassen. Ist die Farbe noch zu dick, Wasser nachgießen,
- die Farbe anschließend auf mehrere Schälchen verteilen.

Decken Sie den Tisch oder den Fußboden mit einer Plane ab. Legen Sie eine große Tapetenbahn darauf, sodass mehrere Kinder nebeneinander malen können. Oder heften Sie Tapete an eine Malwand. Sie können auch Pappe (eventuell mit Malbrett darunter) an eine Staffelei stellen. So ist Gestalten im Stehen möglich. Zunächst arbeiten die Kinder mit den Fingern. Später können Pinsel angeboten werden.
Kleisterfarbe ist ideal für Krippenkinder und sollte immer zur Verfügung stehen.

Küchen-Atelier

Material: Fingerfarbe, feste Papierbögen, Geräte aus der Küche (z. B. Teigrädchen, Nudelrolle, Teigschaber, Schneebesen, Pfannenwender, Löffel)

Die Kinder geben einig Kleckse Fingerfarbe auf ihre Malblätter. Anschließend können sie die Farbe nach Herzenslust mit ihren Händen verstreichen. In einem zweiten Schritt werden nun Küchengeräte angeboten. Vielleicht entdecken die Kinder, dass man mit Schaber und Löffel Farbe verstreichen oder wegkratzen kann. Was macht ein Teigrädchen oder eine alte Nudelrolle mit der Farbe?

Effektfarben

Material: Tapetenkleister (in Wasser anrühren), ca. 4 große Portionsschälchen aus Kunststoff, große Löffel, Materialien zum Einstreuen, z.B. Sand, Zucker, zerbröselte Eierkartons, Papierschnipsel, Filzreste, Konfetti, Glitzersterne, Steinchen …, festes Papier / Karton

Bereiten Sie Kleister nach Packungsanleitung mit Wasser zu. Er sollte nicht zu dick werden. Geben Sie den Kleister in große Portionsschälchen. Nun können die Kinder Materialien einstreuen (z. B. Sand, Steinchen, Papierschnipsel) und alles mit einem Löffel oder mit den Händen umrühren.

Wird die Masse auf Papier aufgetragen, so ergeben sich interessante Effekte und Oberflächen, die nach dem Trocknen auch befühlt werden können.

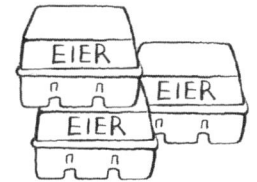

Bodypainting für Minis

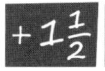

Material: (für ca. 4 Kinder) 4 Tassen Maisstärke, 2 Tassen Wasser, 2 Tassen Kindercreme (oder -Lotion), Lebensmittelfarbe, dazu Schüssel(n), Schneebesen, Portionsschälchen, Abdeckfolie
Für die Variation: gekaufte Mal-Seifen (z. B. Tinti)

Zubereitung:
- Alle Zutaten in einer Schüssel mit einem Schneebesen verrühren,
- fertige Masse in Schälchen verteilen.

Dann beginnt die „Körper-Mal-Aktion". Nur mit Windel bekleidet gehen die kleinen Maler ans Werk, verschmieren die Creme auf dem eigenen Körper. Abdeckfolie unterlegen!
Variation: Den Körper mit Malseife farbig einseifen.

Hinweis: Die Aktion lässt sich ideal im Waschraum durchführen, z. B. vor einem Spiegel. Raum gut vorheizen! Auch fürs Freie im Sommer ideal.

Malermeister

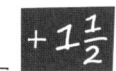

Material: Aststückchen, weiche Materialien (z. B. Wolle, Schaumgummi, Mullbinden ...), Farbe (z. B. aus Kleister, Wasser und Pigmenten angerührt), festes Papier oder Pappe

Für die Variation: gekaufte Malerpinsel oder ausrangierte Rasierpinsel, Back-, Kosmetikpinsel

Umwickeln Sie jeweils das Ende eines kurzen Astes mit einem weichen Material (z. B. mit dicker Wolle, Mullbinde ...). Die Kinder geben sich mehrere dicke Kleckse Kleisterfarbe auf das Papier.

Vielleicht entdecken sie, dass man die Kleckse mit den selbstgefertigten „Pinseln" verschmieren kann.

Variation: Bieten Sie statt der selbstgefertigten „Pinsel" fertige Malerpinsel, Backpinsel o. Ä. an.

Hinweis: Wenn Kinder stehend (z. B. an einer Malwand) malen, kann man Pinsel verlängern, indem man einfach einen langen Stock mit Klebeband fest daran klebt.

Eins, zwei, drei ... Staffelei

Beim Malen ausholen, schwingen, wackeln, tanzen ... und den ganzen Körper mitbewegen. Das geht ideal im Stehen, z. B. an einer Staffelei (auch doppelseitig für zwei Kinder) oder großen Malwand. Papier und Pappe (mindestens DIN A 3) werden einfach an die Staffelei geklemmt oder mit Klebeband an die Malwand geheftet.

Wichtig: Auf Ablageflächen für Farben und Pinsel achten. Hierzu eignen sich Hocker, kleine Tische oder Rollwagen.

Mischmasch

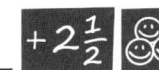

Material: Farbpigment-Pulver, Eimer mit Wasser, kleine Gießkanne, mehrere Becher, Löffel, große Papierbögen

Die Kinder geben Farbpigmente in Becher, gießen dann Wasser mit einer Gießkanne darüber und verrühren die „Wasserfarbe" mit einem Löffel.

Nun können Sie etwas Farbe auf Papier geben und das Papier anschließend senkrecht halten, sodass die Farbe in Rinnsalen herunterläuft. Das Ganze wird mit einer zweiten Farbe wiederholt. Was passiert, wenn z. B. blaue und gelbe Rinnsale übereinander laufen oder wenn sich rote und gelbe Farbspuren treffen?

Variation: Einfach flüssige Farben in Klecksen auf Papier geben und pusten, bis sich die Rinnsale bewegen und mischen.
Pusten kann man vorher mit Watte üben.

Malermeister: Gestalten mit Pinsel und Co
Anfangs sollte das Malen mit Händen und Fingerfarbe im Vordergrund stehen. Später können Pinsel angeboten werden.
Pinsel und ähnliche Hilfsmittel fördern die manuelle Geschicklichkeit und ermöglichen neue kreativ-künstlerische Ausdrucksmöglichkeiten.

Aktion „Hexenbesen"

Material: mindestens 4 alte (Kinder-)Besen oder Malerpinsel mit langem Stil, feste Papierbahnen, Klebeband, Farbe (z. B. aus Kleister, Wasser und Pigmenten angerührt)
Für die Variation: Lange Stöcke, alte Spülbürsten, Klebeband (statt Bürsten auch: gesammelte Birken-Zweige)

Legen Sie mit den Kindern Papierbahnen draußen auf einen glatten Untergrund. Fixieren Sie die Ecken bei Bedarf mehrfach mit Klebeband. Stellen Sie ausreichend Kleisterfarbe bereit. Die Kinder können die Farbkleckse mit ihren Besen bunt verschmieren.
Variation: Kleben Sie Spülbürsten mit Klebeband an Stöcken fest. Diese kreativen Hexenbesen sind ideal für großflächige Aktionen. Man kann auch gesammelte (Birken-)Zweige mit Klebeband an einem Stock befestigen und fertig ist der Hexen-Mal-Besen.

Hinweis: Matschhose und Gummistiefel anziehen!

Ist das Zauberei? Kinderkunst mit spannendem Material
Unterschiedliche Alltagsmaterialien (Deo-Roller, Blumenspritzen, Murmeln ...) lassen sich ideal zum Schmieren und zu ersten Malversuchen verwenden. Dabei sind die Kinder oft überrascht, welche zauberhaften Effekte sich mit wenig Aufwand erzielen lassen.

Zuckerkreide selbst gemacht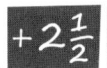

Material: farbige Schulkreide, eine Tasse Wasser (pro Farbe), weißer Zucker, dickes Papier oder Malkarton

Zubereitung:
- pro Farbe eine Tasse mit Wasser füllen
- 2 TL Zucker dazu geben und umrühren
- 1 Stück Kreide durchbrechen und so lange in das Wasser legen, bis es sich vollgesogen hat und zu Boden sinkt.

Breiten Sie Papier oder Pappe aus. Die Kinder können die Kreiden aus dem Wasser nehmen und ausprobieren, welche Spuren sie auf dem Untergrund zurücklassen. Interessant ist übrigens nicht nur ein weißes, sondern auch ein farbiges oder gar schwarzes Papier als Untergrund.

Hinweis: Die Kreide lässt sich ohne Druck gut vermalen, leuchtet wunderschön und haftet gut.

Rolle hin, rolle her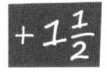

Material: 4–6 aufgebrauchte, gereinigte Deo-Roller, Fingerfarbe (oder Tempera), große Papierbögen
Für die Variation: kleine Anstreicher-Rollen – eventuell Kunststoffflaschen

Die Kinder geben einige Kleckse Fingerfarbe auf die Malblätter.
Wird der Rollstift durch die Farbe bewegt, so hinterlässt er interessante Farbspuren.
Variation 1: Stellen Sie den Kindern kleine Anstreicher-Rollen zur Verfügung, mit denen sie die Farbe auf dem Papier verteilen.
Variation 2: Auch leere Plastikflaschen können zum Rollen benutzt werden. (ab 2 Jahren)

Hinweis: Viele Deo-Roller lassen sich öffnen. So können Sie flüssige Farbe (z. B. Tempera) hinein füllen.

Eine spritzige Sache

Material: Lebensmittelfarben oder Temperafarben (mit Wasser anrühren), Blumen-Wassersprüher, große, feste Papierbögen
Für die Variation: Wäschesprenger (Kunststoff-Flaschen mit vielen kleinen Öffnungen zum Befeuchten von Wäsche vor dem Bügeln)

Geben Sie gefärbtes Wasser in Blumen-Wassersprüher. Lassen Sie die Kinder entdecken, wie durch Betätigen des Hebels Wasser austritt. Die Handhabung ist nicht ganz leicht für kleine Kinder, aber wenn es funktioniert, so sind sie meist begeistert. Das Wasser kann auf großen Malblättern oder Folie versprüht werden.
Variation: Gefärbtes Wasser in Wäschesprenger füllen und auf Papier oder Folie versprühen lassen.

Ist das nicht nur Matscherei?
Die meisten kleinen Künstler mögen von sich aus „Matsch-Experimente".
Hin und wieder findet man allerdings Kinder, die im Umgang mit Farben zurückhaltend sind. Wichtig: Wie stehen Erwachsene zum Thema „Matschen"?
Kinder folgen häufig dem Vorbild der Großen. Sind die Erwachsenen selbst zurückhaltend bei Matschereien, so kann sich dieses Verhalten auf die Kinder auswirken.

Gestalten mit Teebeuteln

Material: benutzte (getrocknete) Beutel von Früchtetee, Farbe (z. B. Tempera), Wasser, mehrere Gefäße, Papier

Farbe mit etwas Wasser mischen, in Gefäße füllen und Teebeutel so lange einlegen bis sie sich mit Farbe vollsaugen.
Die Kinder können die Beutel an den Bändern herausnehmen und über Papier halten oder ziehen. Interessante Tropfspuren und Farbstreifen entstehen.

Farben aus der Pipette

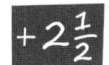

Material: Temperafarbe, Wasser, Schälchen, mindestens 4 dicke Pipetten aus Kunststoff (Apotheke), saugfähiges Papier.
Für die Variation: nasser Schwamm

Mischen Sie Temperafarbe mit reichlich Wasser und geben Sie die flüssige Farbe in Schälchen. Zeigen Sie den Kindern Pipetten und lassen Sie ausprobieren, was man damit tun kann. Mit dem Gummiende kann man z. B. Farbe ansaugen und auf Papier tropfen lassen.
Variation: Die Kinder wischen vorher mit einem feuchten Schwamm das Papier nass. Jetzt verlaufen die Farbspritzer geheimnisvoll.

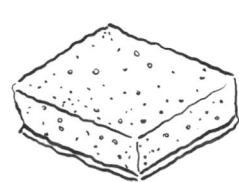

Murmel-Bilder

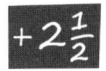

Material: Fingerfarben, Papier, Schuhkartons oder Obstkisten, Murmeln
Für die Variation: alte Spielzeugautos

Die Kinder legen ein Blatt Papier in den Deckel / die Kiste, geben ein Paar Kleckse Fingerfarbe darauf und legen eine Kugel hinein. Nun kann die Kiste hin und her bewegt werden, sodass die Kugel durch die Farben rollt und dabei viele Linien auf dem Papier erzeugt.
Variation: Statt der Kugel ein altes Spielzeugauto durch die Farbe bewegen und über die farbigen Reifenspuren staunen.

Erste Kritzeleien

Material: Tapete oder Pappe, weiche Stifte (z. B. Grafitstifte, dicke Buntstifte ...)
Für die Variation: mehrere Stifte (mit Klebeband zu einem Riesen-Stift zusammenkleben)

Lassen Sie die Kinder zunächst Erfahrungen mit *einem* Stift machen. Beobachten Sie, wie verschiedene Kritzeleien (Knäule, Spiralen, Kreise, Kreuze, Punkte ...) entstehen.

Variation: Später können Sie mehrere weiche Stifte mit Klebeband zu einem Riesenstift zusammen kleben. Die Riesen sollten noch gut in die Kinderhände passen. Jetzt entstehen mehrere Kritzel-Spuren nebeneinander.

Eine gute Idee: Kritzelflächen im Raum
Bestreichen Sie die Platte eines alten Kindertisches mit Tafellack. Darauf kann man herrlich mit weichen Kreiden herum kritzeln.
Oder Sie verkleiden die gesamte Tischplatte mit Packpapier, das Sie mit Klebeband festkleben. Hier können Kreiden und dicke, weiche Buntstifte ausprobiert werden.
Auf dem Boden oder an der Wand: Papierbahnen zum Kritzeln mit Klebeband festkleben.
Dauerhafte Lösung: Hartfaserplatte an der Wand festschrauben.

Zeichenkohle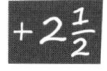

Material: weiche Kohlestifte (aus dem Künstlerbedarf), dickes, raues Papier (z. B. Tapete)

Im Sommer: kurze Aststückchen in Alufolie einwickeln und beim Lagerfeuer mitkokeln lassen. Nach dem Erkalten: Selbst gemachte Kohlestifte lassen sich zum Zeichnen / Malen benutzen.
Variation: fertige Zeichenkohle im Künstlerbedarf kaufen.
Kohle hinterlässt deutliche Spuren, die sich verwischen lassen.

Kinder-Druckerei

STEMPEL UND ABDRÜCKE FÜR KLEINE HÄNDE

Im Schnee oder im Sand machen die eigenen Füße deutliche Spuren. Patschen auf der Fensterscheibe hinterlässt Finger- und Handabdrücke. Sticht man Förmchen in Teig, so bleiben die Umrisse zurück. Sogar die Tasse auf dem Tisch erzeugt einen klebrigen, kreisrunden Abdruck aus Saft.

Hand- und Fußabdrücke

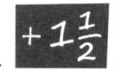

Material: Temperafarbe (mit ausreichend Wasser anrühren), flache / breite Plastikschüsseln, Tapete, (eventuell Lappen / Aufnehmer)

Eine lange Tapetenbahn wird ausgerollt. Schon ist ein Spazierweg zum Laufen und Krabbeln entstanden. Dann wird Temperafarbe (zusammen mit viel Wasser) in eine flache Plastikschüssel gegeben. Nun können die Kinder kurz mit nackten Füßen in das Farbenbad steigen und anschließend über die Tapete laufen.

Alternativ können auch große Lappen oder Aufnehmer in Farbe getränkt und an den Anfang der Tapete gelegt werden.

Dann heißt es: erst über die Lappen und dann über die Tapete laufen.

Variation: Das Spurenexperiment mit Handabdrücken wiederholen.

Hinweis: Am besten draußen bei warmem Wetter anbieten. Schuhe und Strümpfe ausziehen.

Mit den Hand- und Fußabdrücken lassen sich auch Pappkartons, Papphäuser, Fensterscheiben und Glastüren bedrucken.

Ebenso Bettlaken, die als Decke, Zelt oder Tisch-Versteck benutzt werden.

> **Kleine Hände bedrucken Tisch und Wände**
> Was liegt näher, als zunächst die eigenen Hände und Füße für Abdrücke zu nehmen? Eine taktil interessante und körperbezogene Erfahrung, die im wahrsten Sinne des Wortes unter die Haut geht.

Drucken mit Handschuhen

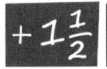

Material: alte Kinderhandschuhe (am besten sammeln), Fingerfarbe, große Papierbögen

Schnell in Handschuhe schlüpfen und dann nichts wie hinein in die Fingerfarbe. Sind die alten Handschuhe so richtig schön mit Farbe eingestrichen, so können die Hände jetzt auf Papier herum patschen und herrliche Abdrücke hinterlassen.

> **Mal ausprobieren: Materialien für Abdrücke**
> Stempel lassen sich mit einfachen Mitteln selbst herstellen. Oder Sie nehmen einfach Gegenstände aus der Umgebung, die sich aufgrund ihrer Oberfläche und Form für Abdrücke eignen.

Säckchen-Stempel

Material: verschiedene Stoffe (z. B. Baumwollstoff, Filz, Seide, Frottee, Kord, Leinen ...), Material zum Füllen (z. B. geknülltes Papier, Erbsen, Reis, Perlen, Stoffschnipsel), Fingerfarbe, Papier, Schere, Klebeband
Für die Variation: alte Kindersocken

Schneiden Sie mit der Schere aus den Stoffen Quadrate zu (z. B. 10 x 10 cm), und legen Sie zur Füllung ein Material (s. o.) in die Mitte. Fügen Sie die Enden des Stoffes zu einem Säckchen zusammen, das Sie mit Klebeband zusammenbinden. Die Kinder können die Säckchen in Fingerfarbe drücken, und damit auf Papier stempeln.
Variation: Füllen Sie alte Kindersocken mit Material und bieten Sie diese als Stempel an.

Stempel aus Wellpappe

Spielidee: Wellpappe aufrollen und zum Stempeln anbieten (ergibt durch die wellige Oberfläche eine interessante Farbstruktur).
Material: Wellpappe, Schere, Klebeband, Fingerfarbe, Papier zum Bedrucken

Schneiden Sie Wellpappe in etwa 2 cm breite Streifen, die Sie gemeinsam mit den Kindern zu einer Spirale aufrollen. Das Ende wird mit Klebeband festgeklebt. Die Spirale in Fingerfarbe tauchen und dann auf dem Papier abdrucken.

Blätterdruck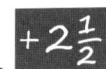

Material: gesammelte Blätter, Brettchen, Fingerfarbe, Druckerwalze (oder Kunststoffflasche bzw. Nudelholz), Blätter aus der Natur, Tapete
Für die Variation: dicker Blumendraht

Lassen Sie die Kinder erst mit den Blättern experimentieren, z. B. befühlen, sortieren usw. Dann heißt es: Fingerfarbe auf ein Brettchen geben und verstreichen oder walzen. Wer möchte einen Abdruck ausprobieren? Ganz einfach: Blatt in die Farbe tauchen, andrücken, runternehmen und auf Tapete abdrucken.
Variation: Die mit Fingerfarbe eingefärbten Blätter können die Kinder trocknen lassen, auf Blumendraht auffädeln und als Girlande aufhängen.

Weitere Materialien für Stempel-Variationen
Kartoffelhälften, Geknülltes Papier, Schwämme, Korken, Styroporreste, Spüllappen, Kastanien, dicke Kordeln, Luftballons, Softbälle, Tennisbälle, Kunststoffbecher.

Drucken mit Früchten

Material: eine eingetrocknete Zitrone oder Apfelsine, die nicht mehr essbar ist (sie darf keine Schimmelspuren haben), Fingerfarbe, Brettchen oder Plexiglasplatte, kleine Malerrolle, große Papierbahnen zum Bedrucken

Die Kinder geben Fingerfarbe auf ein Brettchen oder eine Plexiglasplatte und walzen mit der Malerrolle darüber. Dann eingetrocknete Zitronen oder Apfelsinenhälften in die Farbe tauchen und auf Papier abdrucken.

Hinweis: Nehmen Sie (aus ethischen Gründen) keine frischen Früchte!

Stempel-Transparent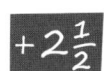

Material: Architektenpapier oder durchsichtige Folie (z. B. Geschenkfolie), Fingerfarbe, Materialien zum Stempeln (Kartoffelhälften, Schwämme, Korken ...)

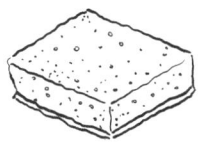 Bespannen Sie die gesamte Oberfläche eines Tisches mit Architektenpapier oder Geschenkfolie (mit Klebeband rutschfest befestigen). Stellen Sie auf einem Nachbartisch Fingerfarbe und Stempel-Material bereit (z. B. Kartoffelhälften). Die Kinder haben die Möglichkeit, die Oberfläche des durchsichtigen Papiers (der Folie) kunterbunt zu bedrucken. Nach dem Trocknen als Fensterbild mit durchsichtigem Klebeband an die Fensterscheibe heften.

> **Ganz einmalig: Einmal-Drucke**
> Hier ist jeder Druckabzug ein „einziges Original", das in der vorhandenen Form nicht beliebig vervielfältigt werden kann.
> Die klassische Monotypie (erfunden im 17. Jahrhundert) ist eine Verbindung von Malen / Zeichnen und Drucken (siehe S. 35).

Struktur-Tapeten-Druck

Material: Tapeten mit rauer Oberflächenstruktur, flüssige Temperafarbe, Malerrollen oder dicke Malerpinsel, saugfähiges Malpapier

Die Kinder geben mit Malerrollen oder mit dicken Pinseln (flüssige) Farbe auf die Strukturtapete. Wer möchte nun mal ein Papier oben drauf legen und darüber streichen? Dann: Papier schnell wieder abziehen. Welche Abdrücke sind entstanden?

Abzieh-Bilder

Material: festes Papier oder Pappe, Fingerfarbe oder Temperafarbe, nach Wahl: Seidenpapier, Frischhaltefolie, Küchenrolle, Papiertaschentücher, Zeitung, Servietten ...)

Die Kinder suchen sich unterschiedliche Papiere, die sie oben auf ein fertig gemaltes (noch nasses) Bild ganz oder stückchenweise auflegen. Das Papier kann saugfähig (Zeitung) oder eher wasserabweisend (Folie) sein. Wird das Papier wieder abgezogen, so gibt es interessante Strukturen zu bewundern.

Spiegelbilder

Material: Papier (DIN A3), Finger- oder Temperafarbe, Schnellhefter aus Kunststoff

Papier genau auf die Hälfte falten (falzen) und anschließend wieder öffnen. Eine Hälfte des Papiers in einen Schnellhefter aus Plastik legen, die andere Hälfte mit Farbe bemalen. Dann Schnellhefter wieder wegnehmen, die bemalte (noch nasse) Seite auf die noch freie Seite klappen und mit den Händen glatt streichen. Papier wieder auseinander falten. Ein Spiegel-Abdruck ist entstanden.

Styropor-Platten-Druck

Material: Styroporplatten (oder -fliesen), Material zum Ritzen (z. B. Rundhölzer, Modellierstäbchen, spitze Buntstifte ...), flüssige Finger- oder Temperafarben, saugfähiges Papier, eventuell kleine Farbrollen (Druckwalzen oder Spielzeugautos)

Legen Sie Styroporplatten aus. Lassen Sie die Kinder entdecken, dass man Hölzer, Stäbchen, Stifte in die weiche Unterlage hineindrücken kann, sodass Löcher und vielleicht sogar Linien entstehen.

Wer möchte anschließend flüssige Farbe mit den Händen oder mit einer Walze darüber auftragen? Dann sauberes Papier auflegen, mit den Händen andrücken (oder mit einer Walze oder Spielzeugautos darüber rollen). Beim Abziehen des Papiers ist die Struktur des Styropors im Druck erkennbar.

Monotypien

Material: flüssige Finger- oder Temperafarben, Druckplatte (z. B. aus Plexiglas, Holz, Kunststoff, Spiegel, Karton). Dazu saugfähiges Papier. Eventuell kleine Farbrollen (Druckwalzen)
Für die Variation: Wattestäbchen

Die Kinder malen mit flüssiger Farbe auf der Druck-Platte (mit den Fingern oder mit einem Pinsel). Dann weißes Blatt oben auf die nasse Farbe auflegen, mit den Händen andrücken (oder mit einer sauberen Farbrolle darüber walzen). Papier abziehen und nachschauen, welche Abdrücke sich gebildet haben.
Variation: Die ganze Platte mit Farbe einwalzen. Nun mit einem Wattestäbchen über die Farbe kritzeln, Papier auflegen und abziehen.
Was kann man jetzt erkennen?

Jetzt sind wir Bäcker

FORMEN MIT TON, TEIG, GIPS UND SAND

Zusätzlich zum Malen sollten kleine Kinder die Möglichkeit haben, mit den eigenen Händen dreidimensionale Gebilde zu schaffen. Auch hier ist nicht das Endprodukt entscheidend, sondern die Erfahrung im Umgang mit elastischem Material. Häufig entstehen zufällige Formen, die entweder vernichtet oder als Ausgangsbasis für weitere Experimente genommen werden können.

Für „Baby-Künstler": Wolkenteig

Material: (für ca. 4 Kinder), 6 Tassen Mehl, 2 Tassen Wasser, 2 EL Öl, eventuell Lebensmittelfarbe (oder Kakao, Kirschsaft ...)

Zubereitung:
* Mehl, Wasser und Öl vermengen und durchkneten (falls der Teig klebt, noch weiteres Mehl einstreuen),
* Farbe hinzufügen.

Geben Sie jedem Kind den Wolkenteig in die Hand, damit es zunächst einmal spüren kann, wie er sich anfühlt. Beobachten Sie, was die einzelnen Kinder von sich aus damit tun.

Hinweis: Weil Salz als Bindemittel fehlt, ist der Teig schon für die ganz Kleinen geeignet.

> **Spiele mit Knet-Teig**
> Nicht immer steht Ton zur Verfügung. Deshalb können Sie als Alternative auch andere Werkstoffe, ja sogar Zutaten aus dem Küchenschrank, zum Kneten anbieten.

Sandknete

Material: (für ca. 4 Kinder) 4 Tassen Maisstärke (z. B. Mondamin o. Ä.), 8 Tassen Spielsand (fein), 2 Tassen Wasser, Farbpulver (Pigmente)

Zubereitung:
* Zutaten in einem Topf mischen,
* bei mittlerer Hitze auf dem Herd erwärmen und durchrühren, bis die Masse eindickt (je nach gewünschter Konsistenz noch Wasser, Sand oder Stärke hinzufügen),
* dann erkalten lassen und nochmals durchkneten.

Salzteig: Schnelle Knete „aus der Tasse"

Material: (für ca. 4 Kinder), 4 Tassen Mehl, 2 Tassen Salz, 2 Tassen Wasser

Zubereitung:
- Mehl und Salz vermengen,
- Wasser nach und nach hinzugeben und alles zu einem geschmeidigen Teig verkneten,
- wenn der Teig klebt, noch weiteres Mehl hinzufügen, bis sich der Teig vom Rand löst und ein gut formbarer Kloß entstehen kann.

Geben Sie jedem Kind eine kleine Menge Teig. Beobachten Sie, was die Kinder von sich aus damit tun.

Variation: Bieten Sie einfache Geräte an (Stöckchen, Hölzer, Löffel ...), um den Teig zu bearbeiten.

Hinweis: Salz-Teig ist nichts für Babys bzw. für Kinder, die noch vieles in den Mund stecken (für sie bitte „Wolkenteig" vorbereiten).

Knete aus Sägemehl

Material: (für ca. 4 Kinder) Sägemehl (beim Schreiner fragen), (heißes) Wasser, 2 Tassen Mehl, Rührschüssel

Zubereitung:
- 4 Tassen Sägemehl in eine Schüssel geben, mit etwas heißem Wasser übergießen (soll nicht schwimmen) und ein paar Stunden einweichen lassen,
- Sägemehl ausdrücken (sodass Wasser heraus läuft),
- Sägemehlmasse mit 2 Tassen Mehl verkneten, bis eine elastische Knetmasse entsteht.

Haltbare Knete

Material: (für 4–6 Kinder) 400 g Weizenmehl, 200 g Salz, 2 TL Weinsteinpulver (Apotheke, Drogerie, Supermarkt), 0,5 l kochendes Wasser, 3 EL Speiseöl (z. B. von Sonnenblumen), 1 EL Lebensmittelfarbe (oder farbigen Saft)

Zubereitung:

- Mehl, Salz und Weinsteinsäure in einer Schüssel vermengen,
- kochendes Wasser, Speiseöl und Lebensmittelfarbe zugeben,
- alles mit dem Handrührgerät verkneten und erkalten lassen.

Den Kindern einen Klumpen Knete zum Experimentieren zur Verfügung stellen.

Nach dem Spiel kann man die Knete in einer Vorratsdose mit Deckel längere Zeit im Kühlschrank aufheben.

Hinweis: Manchmal findet sich in Rezepten zur Konservierung von Knete Alaunpulver. Es soll jedoch nach neueren Erkenntnissen Allergien und Unwohlsein verursachen können! Deshalb besser Weinsteinpulver nehmen!

Erdgeister unterwegs

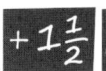

Material: verschiedenfarbige feine Erden, breite Schüssel(n), Wasser, Gießkanne, Pappe oder Plastikfolie, eventuell Schippen, Schaber, Löffel
Für die Variation: Tapetenkleister, Marmeladengläser mit Schraubverschluss

Schütten Sie Erde in große Schüsseln. Die Kinder können nun mit einer Gießkanne Wasser dazu kippen. Wer hat Lust, in der schönen Pampe zu matschen? Der Brei lässt sich gut mit den Händen auf dicker Pappe oder auf Plastikfolie verstreichen. Dazu eventuell Schippen, Schaber, Löffel etc. bereit legen.
Variation: Mischen Sie die Erde mit Wasser und Tapetenkleister als Bindemittel. So lässt sich das Material noch besser verstreichen. Sie können die Erdfarbe in verschraubbaren Gläsern aufheben.

Erste Experimente mit Ton

Material: Ton, Wasserschüssel
Für die Variation: Knethölzer, Schaber, Kämme, Gabeln, Fleischklopfer, eventuell Tonfarben

Bieten Sie zunächst einen großen Klumpen Ton für jedes Kind an. So können Kinder die Oberfläche als Ganzes betasten und erfassen (auch Löcher hineinbohren, zerpflücken usw.).
Die ersten Ergebnisse entstehen zufällig und werden manchmal rasch wieder zerstört. Später gestalten Kinder erste Grundformen (Kugel, Walze), kleine Bauwerke, erfinden Geschichten und gestalten zunehmend erkennbare Gestalten (Obst, ein Tier o. Ä.).
Sollen die Ergebnisse bleiben und aufgehoben werden? Ton einfach an der Luft trocknen lassen.
Variation: Bieten Sie nach der Experimentierphase Hilfsmittel an (Knethölzer, Schaber, Gabeln ...).

Hinweis: Der Tisch sollte robust und so hoch sein, dass Kinder auch stehend daran arbeiten können. Ton am besten mit Schneidedraht oder einem Messer aufteilen. Bei Bedarf mit Wasser anfeuchten (z. B. mit Hilfe einer Blumen-Wasserspritze). Ton nach Gebrauch in feuchte Tücher wickeln und in einem Behälter mit Deckel aufheben).
Getrocknete Kunstwerke aus Ton können die Kinder gut anmalen, z. B. mit Temperafarben oder spezieller Tonfarbe (Engoben).

Tonwerkstatt
Ton ist ein Naturmaterial, gut portionier- und formbar und gibt Kinderhänden durch seine irdene, manchmal schlickige Beschaffenheit ein meist angenehmes Tastempfinden und rasche Erfolgserlebnisse. Er ist schon für Krippenkinder geeignet, die sich oft konzentriert und ausgiebig damit beschäftigen.

Eine Landschaft aus Ton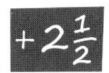

Material: alter Tisch (auch andere große Platte), Ton

Als Ergänzung: alles, was in eine Landschaft passt: Zweige, Stöcke, Kastanien, Muscheln, Steine, Blätter ...

Für die Variation: Maschendraht, Klebeband, eventuell Spielzeugautos, Holzfiguren u. Ä.

Kinder gestalten eine dauerhafte Landschaft aus Ton: Auf dem Tisch oder Brett bleiben selbst geknetete Gebilde über längere Zeit stehen, werden zum Spielen und Weiterentwickeln benutzt. Die Kinder können auch Zweige, Stöcke, Kastanien (z. B. für einen Wald) in den Ton hinein drücken.

Variation: Stellen Sie Maschendraht zur Verfügung (Enden mit Klebeband umwickeln). Aus Maschendraht lässt sich die Grundform für Berge und Täler biegen. Anschließend Tonstücke drauflegen und trocknen lassen. Soll der Ton wieder formbar werden, einfach feuchte Tücher darüber legen oder mit Wasser einsprühen. (ab 3 Jahren)

Hinweis: Die Kinder können Spielzeugautos, Holzfiguren u. a. Zubehör in die Landschaft einbauen.

Natur-Relief

Material: (für ca. 4 Kinder) 8 Joghurtbecher voll Gips, 4 Joghurtbecher Wasser, 4 runde Käseschachteln, Rührschüssel, Löffel

Dazu nach Wahl: Baumrinde, Bucheckern, Hagebutten, Eicheln, Kastanien, Tannenzapfen, Blätter, Stöckchen, Maiskörner, Muscheln, eventuell Temperafarben und Pinsel

Für die Variation: Farbpigmente, Holzstäbchen

Zubereitung:

- Wasser und Gips in einer Schüssel mit einem Löffel gut verrühren,
- auf den Boden der Käseschachteln gießen,
- wenn die Masse halb getrocknet ist (das geht meistens schnell), können die Kinder die Materialien (Muscheln, Steine ...) hineinlegen.

Ist alles fest getrocknet, ist ein fertiges Relief entstanden, das noch mit Farbe angemalt werden kann.

Variation: Vorher Farbpigmente in den flüssigen Gips geben und mit einem Holzstäbchen verrühren. Sieht aus wie marmoriert!

Hinweis: Achtung! Gips wird schnell fest. Deshalb zügig arbeiten. Man kann statt Käseschachteln übrigens auch Deckel von Kinderschuhkartons nehmen (dazu braucht man natürlich eine größere Menge Gips).

> **Formen mit Gips**
> Gips eignet sich gut dazu, um gesammelte Fundsachen aus der Umwelt dauerhaft zu einem Bild zusammenzufügen bzw. einfache Skulpturen zu gestalten.

Ast einpacken

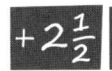

Material: kleine Äste / Zweige, geschnittene Gipsbinden, Schüssel mit Wasser, Fingerfarbe

Die Kinder können die (geschnittenen) Gipsbinden in eine Schüssel mit Wasser tauchen und sie dann auf den Ast / Zweig legen bzw. wickeln. Nach dem Trocknen hat der Ast oder Teile des Astes einen Gipsmantel.

Anschließend Gips mit Fingerfarbe anmalen.

> **Sandspiele für drinnen und draußen**
> Kinder können im Sand herum wühlen, können graben, formen, rieseln lassen, Gefäße füllen und leeren, Gegenstände verstecken und wieder hervor zaubern und vor allem: sichtbare Spuren hinterlassen. All dies fördert Feinmotorik, taktile Wahrnehmung, Konzentration, Entspannung und bringt rasche Erfolgserlebnisse.

Sand-Rutsch-Rinne

Material: Kunststoff-Dachrinne (Baumarkt), feiner Sand (im Eimer), Schippen, Gießkannen

Für die Variation: Plastikfolie

Stellen Sie eine Dachrinne schräg auf, indem Sie z. B. das obere Ende auf eine Bank o. Ä. stellen. Das untere Ende soll im Sandkasten münden. Nun können die Kinder feinen Zuckersand aus einem Eimer mit einer Schippe in die Dachrinne füllen und beobachten, wie er hinunter rutscht und im Sandkasten landet.

Was passiert, wenn wir Wasser aus einer Gießkanne hinterher kippen?

Variation „Sand-See": Dazu ein Loch in den Sand graben und mit Plastikfolie auskleiden. Wasser direkt hinein gießen oder durch eine Rinne in den „See" laufen lassen.

Aktion: Sandmann

Material: großer Joghurt-Eimer mit Henkel, spitze Schere oder Handbohrer, langes Band, feiner Spielsand (in einer Kiste), Schippen, lange Bahnen von Papier, Pappe oder Folie ..., eventuell: Farbpigmente.
Für die Variation: Leere Plastikflaschen

Vorbereitung: Bohren Sie in die Unterseite eines Joghurt-Eimers ein mittelgroßes Loch und binden Sie den Eimer mit Band an einen Ast oder ein Schaukelgerüst (dicht über dem Boden).
Legen Sie einen sauberen Untergrund genau darunter (Papier, Pappe, Folie ...). Stellen Sie Spielsand in einer Kiste bereit. Der Sand kann pur verwendet oder mit Farbpigmenten vermischt / gefärbt werden.

Füllen die Kinder Sand mit Schippen in den Eimer, so rieselt er auf das Papier. Die Kinder sollen den Eimer immer wieder neu füllen und anstoßen, sodass er schwingt wie eine Schaukel und unter sich den Untergrund mit Sand „einzuckert".
Variation: Ein oder mehrere Löcher in den Boden von Plastikflaschen bohren und Sand hinein füllen. Der feine Sand kann nun mit den „Sand-Riesel-Flaschen" auf Papier, Folie o. Ä. Untergrund verteilt werden.

> **Tipps für den Außenbereich**
> Neben fertigem Sandspielzeug lieben Kleinkinder vor allem Kochgeräte (Löffel, Plastikschüsseln, Töpfe, Kuchenformen, Siebe, Trichter, leere Joghurtbecher) und Naturmaterialien (Muscheln, Stöckchen, Zweige, Blätter ...).
> Sorgen Sie für einen Wasseranschluss (mit Schlauch) bzw. einen Wassertrog (mit Gießkannen). Ideal ist eine separate Matschmulde mit Sand und Wasser.

Sand-Spieltisch im Raum

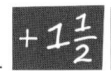

Material: sauberer Spielsand, flache Kartons / Kisten oder Kunststoffwannen. Nach Wahl: Löffel, Siebe, Trichter, Becher, Kellen, Naturmaterialien (Tannenzapfen, Stöcke, Steine ...), kleine Spielzeuge (Autos, Tiere ...)

Jetzt erfahren die Kinder stehend den Sand mit den Händen, können aber auch mit Hilfsmitteln wie Löffeln, Bechern, Kellen sowie Naturmaterialien und kleinen Spielzeugen experimentieren.

Hinweis: Es gibt fertige Sand-Spieltische zu kaufen (Kiga-Bedarf). In Baumärkten oder im Spielzeugbedarf findet man zudem flache Sandmuscheln für Sand-Spiele am Boden, die sich auch drinnen verwenden lassen. Sie können aber auch flache Pappkartons, Falt-Babywannen oder flache Kunststoffwannen mit Sand füllen und auf einen Kindertisch oder auf die Erde stellen.

Sandmalerei

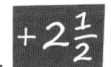

Material: Plexiglasplatte (ohne scharfe Kanten und Ecken) oder Spiegel (ca. halbe Kindertisch-Größe), Gefrierbeutel, feiner Spielsand, große Löffel, eventuell Farbpigmente, Stöckchen, Strohhalme

Sand entweder in natura verwenden oder mit Pigmenten einfärben und anschließend mit einem Löffel in Gefrierbeutel füllen. Beutel zuknoten und an einer Ecke mit einer Schere aufschneiden (das sollte ein Erwachsener tun). Das Kind nimmt sich einen Beutel, hält ihn über die Plexiglasplatte oder den Spiegel und staunt vielleicht, dass jetzt Sand heraus rieselt. Durch Bewegungen lassen sich auf dem Untergrund Spuren und Muster erzeugen.
Vielleicht entdecken die Mitspieler, dass man auch mit den Fingern im Sand zeichnen kann. Bieten Sie Hilfsmittel an, z.B. Stöckchen zum Zeichnen oder Strohhalme zum Pusten.

Baustelle für Handwerker

BAUEN, MONTIEREN, HÄMMERN UND MEHR

Beim Bauen werden Körper in den vorhandenen Raum hinein gestellt oder es wird der Raum selbst neu aufgeteilt bzw. (um-) gestaltet.

Neben gekauften Bausteinen bietet die Umwelt viele interessante Gegenstände. Kleine Kinder lieben (ungefährliche) Küchengeräte, Kissen, Polster, Decken, Bretter und Kartons. Kreativ sein heißt hier: Neues entdecken und Dinge manchmal zweckentfremden.

Kuscheln und Bauen mit Kissen

Material: 20–30 Kissen aus unterschiedlichem Material, in verschiedenen Größen und Formen (quadratisch, rechteckig, rund, walzenförmig) und mit unterschiedlichen Füllungen, Teppichboden, Decken oder Matten als Unterlage

Räumen Sie mit den Kindern eine Ecke des Raumes frei (am besten dort, wo es gemütlich ist, z. B. hinter einem Raumteiler oder unter einem hohen Spielpodest). Legen Sie Teppichboden, Decken oder Matten als Untergrund aus und breiten Sie mit den Kindern unterschiedliche Kissen darauf aus. Die Kinder können sich in den Kissen gemütlich „einkuscheln" oder auch mit den Kissen zu bauen beginnen.

Variation: Bei Bedarf kann das Spiel mit Sitzsäcken, Polster-Elementen, Tüchern, Decken, Fellen ergänzt werden.

> **Budenzauber: Räume (um-)bauen**
> Möbel für kleine Kinder sollten so beweglich wie möglich beschaffen sein. So sind sie leicht hin und her zu schieben und bestehende Räume können situationsabhängig verändert werden.

Locker vom Hocker

Material: 8–10 leichte, standfeste Hocker (Möbel-Mitnahme-Markt), eckig oder rund

Mit Hockern können die Kinder z. B. einen Tisch für erste Rollenspiele bauen oder einen Zaun gestalten, um ein Tiergehege abzugrenzen. Hocker können als Brücke, Steg oder Straße benutzt werden oder als Elemente, um ein Haus oder eine Höhle zu umranden. Man kann sie auch nur einfach durch die Gegend schieben.

Variation: Zur Ergänzung Decken, Polster-Elemente o. Ä. anbieten.

Eine Welt aus Kartons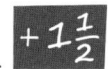

Material: Schachteln, Schuhkartons, Eier-, Pizza-, Getränkekartons, Obstkisten, Umzugskartons ...

Geben Sie den Kindern zunächst wenige Kartons zum freien Experimentieren und schauen Sie gespannt, was passiert.
Aus Kartons können sich folgende Spiele ergeben: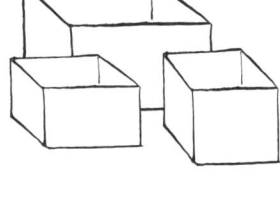

- Kartons nebeneinander / übereinander bauen
- In große Kartons klettern
- In ersten Rollenspielen verwenden (z. B. als Tisch)
- Als Werkbank benutzen (Dinge in vorgebohrte Öffnungen einstecken)
- Bewegen, transportieren von Material
- Als Behausung verwenden (z. B. Stall für Holztiere oder als „Krabbelhaus" für die Kinder selbst)
- Als Tunnel benutzen (Kartons ohne Boden)
- Materialien einfüllen und auskippen (Nüsse, Kastanien ...)

Bretter-Buden-Baustelle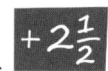

Material: Bretter, Latten, Kanthölzer - ohne scharfe Ecken (nach Abfällen beim Schreiner fragen)

Breiten Sie Bretter, Latten, Kanthölzer auf dem Boden aus. Da Bretter allein nur begrenzte Möglichkeiten bieten, werden die Kinder vermutlich andere Materialien einbeziehen wollen, z. B. Polster, Kisten, Kartons, Autoreifen, Hocker, Stühle, Tische, Styroporblöcke.
So entsteht vielleicht eine Rutsche für Bälle oder Stofftiere, eine Brücke, eine Theke oder ein Tisch.

Aktion „Wolkenkratzer"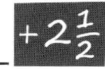

Material: kleine Pappkartons, Finger- oder Temperafarbe, Farbrollen, dicke Pinsel, Abdeckfolie

Heute ist der rote Tag: Rote Farbe steht auf dem Tisch und kann mit den Händen, mit Farbrollen oder dicken Pinseln auf Pappkartons gestrichen werden.

Morgen ist der blaue Tag. Blaue Farbe wird auf weiteren Kartons aufgetragen (inzwischen sind die roten Kartons schon lange getrocknet).

Übermorgen ist der grüne Tag ... usw.

Zum Schluss haben wir farbige Kartons in den Grundfarben.

Am Ende können mehrere Kartons zu einem Farbenturm übereinander gestellt werden. Natürlich kann es auch kunterbunte Kartons geben.

Kartons mit doppelseitigem Klebeband aufeinander kleben. So ist der Turm standfest, kann eine Weile stehen bleiben und noch weiter gestaltet werden (z. B. Materialien wie Papier, Wolle ... mit Kleister auf einzelne Kartons kleben).

Dosenrassel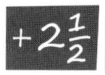

Material: mehrere runde Käseschachteln, Material zum Einfüllen (z. B. Glöckchen, Erbsen, Nüsse) kleine Schaufel oder Löffel

Für die Variation: Klebeband, eventuell Farben / Stifte

Was macht man mit Käseschachteln? Öffnen und schließen?
Material (z. B. ein paar Glöckchen, Erbsen ...) mit einer Schaufel in die Schachteln einfüllen und wieder ausleeren? Schachteln nebeneinander oder übereinander bauen?

Variation: Gefüllte Schachteln mit Klebeband zukleben und als Rasselinstrument benutzen.

Sollen die Rasseldosen farbig sein? Stifte / Farben zum Bemalen anbieten.

Tischhaus und Traumzelt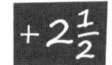

Material: Tisch(e) in Kinder- bzw. Erwachsenengröße, Decken / Laken, bzw. weiche, fließende, auch durchsichtige Stoffbahnen (Gardinen, Chiffon, Organzastoff ...), eventuell Wäscheklammern und Bänder

Stellen Sie mit den Kindern gemeinsam einen oder mehrere Tische auf. Legen Sie mit ihnen probeweise verschiedene Decken oder Laken darüber. Interessant sind auch durchsichtige Stoffe. Wichtig: das Tischhaus sollte mindestens einen Eingang zum Reinkrabbeln haben und innen mit Kissen, Fellen u. a. Materialien ausgepolstert und ausgebaut werden.

Variation für ein Zelt: Stoffzipfel z. B. an Fenstergriffen, Geländern oder an Haken in Wand / Decke anknoten. Eventuell Klammern / Bänder zur Hilfe nehmen.

> **Küchenschrank auf: Becher, Dosen und mehr**
> Alles, was auf- und zugeschraubt, was gefüllt und wieder ausgeleert werden kann, weckt die Neugier kleiner Kinder und fordert manuelle Fähigkeiten heraus.

Flaschenpost

Material: leere (durchsichtige) Getränkeflaschen aus Kunststoff, Schälchen mit Material zum Ein- und Umfüllen (Erbsen, Reis ...), Löffel, Klebeband, eventuell breiter Trichter
Für die Variation: Tapetenkleister, Papierschnipsel, eventuell langes Band

Mit Löffeln (und Trichter) können die Kinder die Materialien in Kunststoffflaschen füllen. Werden die gefüllten Flaschen mit Drehverschluss verschlossen und mit Klebeband zugeklebt, so lassen sie sich schütteln und als Klanginstrument verwenden. Oder ein langes Band von einem Erwachsenen an die Flasche binden lassen. So eignet sie sich zum hinterher Ziehen.

Variation: Die Kinder können Kleister auf die Plastikflaschen streichen und Papierschnipsel darüber streuen, bis die ganze Flasche von außen bunt ist. (ab 2 ½ Jahren)

Haushaltskram für Tüftler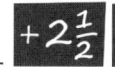

Material: Frischhalteboxen, Joghurtbecher, Schüsseln aus Kunststoff, Kannen ... Als Ergänzung: Schneebesen, Löffel, Schaufeln, Schöpfkellen, Trichter ... und diverse Materialien zum Ein- und Umfüllen (z. B. Bohnen, Kastanien, Erbsen, Kirschkerne, Nüsse ...)
Für die Variation: Styroporpaletten mit Kunststoffblumentöpfen (Gärtnerei)

Schon kleine Kinder lieben es, Küchengerate auszuprobieren (z. B. mit dem Schneebesen hantieren, Becher und Boxen untersuchen).
Später (ab 2 Jahren) finden sie oft Gefallen daran, Materialien (z. B. Bohnen, Erbsen, Nüsse, Linsen, Kirschkerne ...) mit großen Löffeln oder Schaufeln in Schüsseln zu füllen und diese dann wieder auszuleeren. Bieten Sie das Material in einer Kiste an. Legen Sie große Löffel, Schaufeln, Schöpfkellen oder einen Trichter bereit.
Variation: Sammeln Sie Styroporpaletten und (gereinigte) Kunststoffblumentöpfe. Man bekommt sie, wenn man Pflanzen in der Gärtnerei kauft. Die Töpfe passen genau in die Vertiefungen im Styropor. Die Kinder können die Töpfe in die passenden Öffnungen in der Styroporverpackung stecken bzw. Material hineinfüllen.

Hinweis: Beobachten Sie die Kinder aufmerksam. Kleinstteile können verschluckt werden!

(Bau-)Steine

Material: unterschiedlich große Kieselsteine in verschiedenen Farben bzw. mit unterschiedlichen Mustern, Plastikschüssel mit Wasser
Für die Variation: Finger- oder Temperafarbe, auch alte Kacheln, Tonscherben (ohne Ecken), Ton-Granulat (für Hydro-Pflanzen), Schmucksteine

Die Kinder haben die Möglichkeit, ihre gesammelten Kieselsteine in einer Schüssel mit Wasser zu reinigen.

Spielmöglichkeiten:

- Steine mit den Händen befühlen
- Steine in Kästen sortieren (nach Größe, Farbe usw.)
- Zu Reihen und Türmchen aufbauen
- Über ein schräges Brett rutschen lassen
- Einen kleinen Steingarten gestalten

Variation: Große Steine mit Fingerfarben oder Temperafarben anmalen.

Man kann auch Steine in Kombination mit Kacheln, Tonscherben, Tongranulat oder zusammen mit Schmucksteinen aufbauen, z. B. auf einem Tablett oder in einer flachen Kiste.

Bauen mit Ästen und Baumscheiben

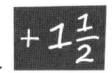

Material: Äste, dünne Baumstämme, Säge, dazu: Körbe / Kisten

Vorbereitung: Lassen Sie Äste in unterschiedlich lange Stücke sägen.

Heben Sie die Aststücke in Körben oder Kisten auf, am besten in der Nähe von einem (Bau-)Teppich. So stehen sie jederzeit für Bau-Experimente zur Verfügung. Die Aststücke lassen sich auch mit Steinen, Wurzeln, Muscheln kombinieren. Beobachten Sie, wie die Kinder mit den Materialien hantieren und welche Ideen sie entwickeln.

Hinweis: Größere Scheiben aus Baumstämmen können die Kinder zum Sitzen und Klettern sowie für Rollenspiele (z. B. Puppentisch) verwenden.

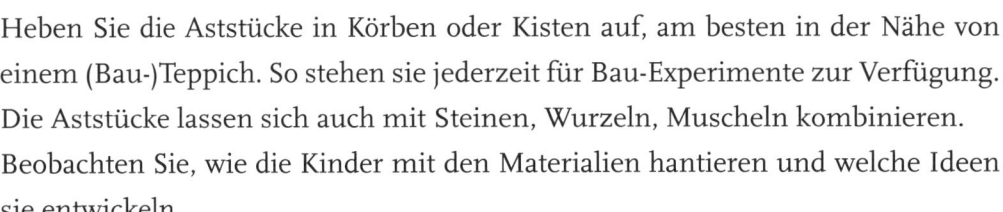

Die Natur als Baumeister
Kleinkinder lieben es, Dinge zu sammeln. Geben Sie ihnen Gelegenheit dazu, indem Sie bei Spaziergängen oder Fahrten mit dem Bollerwagen Stofftaschen und Tüten mitführen. So können Schätze aus der Natur (Tannenzapfen, Steine, Rinde ...) eingesammelt und im Raum in durchsichtigen Gefäßen oder Körben aufgehoben werden.

Werkbank für Minis

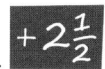

Material: weiche Holstücke (z. B. Linde), Holzabfälle, Äste, auch Pappröhren.
Zum Befestigen: Schraubzwingen, Klebeband
Als Werkzeuge: Kleine Hämmer, Sägen mit Bügel, Schraubendreher, Schleif-
klötze, (Dachpapp-)Nägel, Schrauben mit breitem Kopf
Für die Variation: Styroporplatten oder Pappkartons

Befestigen Sie ein Holzstück oder eine Pappröhre mit Schraubzwingen und even-
tuell mit Klebeband fest auf der Unterlage (alter Tisch oder Werkbank).
Sie können Löcher für Nägel und Schrauben im Holz / in der Pappe vorbohren
bzw. Nägel schon ein wenig einschlagen. So brauchen Kinder nur mit ihrem
Hammer auf den Kopf des Nagels zu treffen.
Auch Sägen mit der Mini-Säge und Schleifen mit Schleifklötzen sind interessant.
Kleine elektrische Akku-Schrauber zum Eindrehen von Nägeln anbieten (vorher
mit Ladegerät aufladen).
Variation: Material in eine Styroporplatte hinein stecken (Zahnstocher, Stöck-
chen) oder schrauben (Holzschrauben, Dübel). Auch an einem Pappkarton kann
man schrauben und sägen.

Hinweis: Kinder stets beaufsichtigen!

Handwerker: hämmern, schrauben, sägen, schleifen
Wenn Erwachsene einen Nagel in die Wand klopfen, ein Regal montieren oder
einen Ast durchsägen, beobachten Kinder dies meist mit großem Interesse.
Die Werkeleien der Erwachsenen werden lustvoll nachgeahmt, und dabei üben
Werkzeuge jeder Art eine besondere Faszination aus.

Wurzel-Objekte

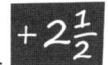

Material: Baumwurzeln, Pappkartons (z. B. Deckel von Schuhkartons), dazu: z. B. Moos, Steine, Blätter, Tannenzapfen, Stöckchen

Für die Variation: Temperafarbe (mit Wasser anrühren), Pinsel, Wolle

Die Kinder sammeln Baumwurzeln in Beuteln (vielleicht zusammen mit Stöckchen, Tannenzapfen ...). Die Wurzeln können betrachtet, befühlt und im freien Spiel verwendet werden. Spannend ist es nun, die Wurzeln mit anderen Materialien in Beziehung zu bringen. Die Wurzeln werden auf Pappe (z. B. Schuhkartondeckel) gesetzt. Rundherum können nun Moos, Steine, Blätter, Tannenzapfen, Stöckchen oder Rinde gelegt werden.

Variation: Wurzeln vorher mit Temperafarben und Pinsel farbig gestalten bzw. mit farbiger Wolle schmücken.

Krumm und schief macht Spaß

Fertige Bausteine, die sich ineinander stecken lassen und gar nicht umfallen können, haben meist einen weniger großen Reiz als Dinge und Materialien, die uneben und asymmetrisch sind und nicht exakt aufeinander stehen.

Wackelnde und einsturzgefährdete Bauwerke fordern Kreativität und Handgeschick heraus, bringen Spaß und Erfahrungen mit den Gesetzen der Schwerkraft.

Fühlen und Begreifen

SPIELE MIT PAPIER, PAPPE, STOFF UND ANDEREN RESTEN

Müllsäcke und Papierkörbe sind eine wahre Fundgrube für ausrangierte Gegenstände, Werkstoffe und Verpackungsmaterialien, die keineswegs wertlos sind. Im Gegenteil: sie regen die Fantasie und Experimentierfreude an und sind zum „Nulltarif" verfügbar.

Erlebnisboxen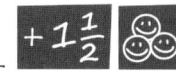

Material: mehrere Kunststoffkisten (flach, ca. 20–30 cm Randhöhe), Inhalt: Material mit unterschiedlichen Eigenschaften (z. B. Wasser, Kleister, Sand, Ton, Wolle, Watte, Steine, Muscheln, Federn, Holzwolle, Schaumgummi, Baumrinde, Korken ...)

Stellen Sie vier bis sechs Kisten zusammen, die Sie für eine Zeit lang immer wieder anbieten. Lassen Sie die Kinder selbst entdecken, welche Gestaltungsmöglichkeiten sich ergeben. Wie fühlt sich ein Gemisch aus Kleister und Baumrinde an? Wie erleben Kinder so gegensätzliche Materialien wie Watte und Steine in einer Kiste? Oder Wasser mit Kastanien?

Variation: Die Kinder können die Kisten auch mit den Füßen erfahren, indem sie hineinsteigen und über die Materialien laufen.

Oder einfach mal „blind" tasten? Legen Sie ein Tuch über eine Kiste.

Nun sind nur die Hände allein unterwegs.

Hinweis: Interessant sind Gegensätze in ein und demselben Kasten (z. B. hart und weich, flüssig und fest, rau und glatt, warm und kalt usw.)

Bilder aus Märchenwolle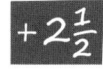

Material: Märchenwolle (Kiga-Bedarf oder Internet-Versand), Tapete oder Pappe, angerührter Tapetenkleister (in Schälchen verteilen)

Märchenwolle können Kinder befühlen, auseinanderziehen, über den Tisch pusten. Ein dauerhaftes Bild entsteht, wenn Tapete oder Karton mit Kleister eingestrichen, Märchenwolle darauf gestreut und fest angedrückt wird.

Hinweis: Märchenwolle oder Zauberwolle ist gekämmte, ungesponnene Schafswolle, die mit Pflanzenextrakten eingefärbt wurde.

Spiegel-Kisten

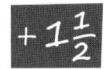

Material: Obstkisten, Spiegelfliesen oder Spiegelfolie
Dazu nach Wahl (Schmuck-)Steine, (Glas-)Murmeln ...

Kleiden Sie den Boden von Obstkisten mit Spiegelfolie oder Spiegelfliesen aus. Stellen Sie Körbchen oder Kisten mit (Schmuck-)Steinen und (Glas-)Murmeln bereit. Beobachten Sie, wie die Kinder die glänzenden und schillernden Objekte auf den spiegelnden Untergrund legen, sie betrachten, hin- und herschieben oder die Kiste selbst bewegen, sodass Steine und Murmeln „in Fahrt" kommen.

Spiegel-Zauber
Spiegel fördern die Selbstwahrnehmung, aber auch die Wahrnehmung anderer Menschen, unterschiedlicher Gegenstände und Lichtstimmungen.
Hängen Sie Spiegel in der Krippen-Werkstatt auf. So können sich kleine Künstler bei ihren kreativen Aktivitäten selbst beobachten.
Später dürfen Über-Eck-Spiegel, Zerrspiegel, Spiegelfliesen dazukommen. Besonders faszinierend ist es, wenn Kinder Materialien auf Spiegel und Spiegelfliesen legen und über die Effekte staunen.

Geschenkbänder-Collage

Material: alte Geschenkbänder, Kleister (oder Klebestifte), Papier oder Pappe (eventuell Schere)

Wer hat noch alte Geschenkbänder und Schleifen vom letzten Geburtstag oder von Weihnachten? Wenn genug (in einer Kiste) gesammelt wurden, werden die Bänder den Kindern zum freien Spiel zur Verfügung gestellt.
Die Kinder können anschließend Papier oder Pappe mit Tapetenkleister bestreichen und die Geschenkbänder (oder Stücke davon) darauf drücken. Witzig und bunt!

Ein Tisch zum Spiegeln

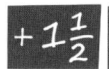

Material: Spiegelfliesen, Gegenstände zum Drauflegen (Steine, Kastanien, Glasnuggets ...), Material zum Streuen (z. B. Federn, Papierschnipsel ...)

Bekleben Sie einen alten Tisch mit Spiegelfliesen. Die Kinder sind meistens fasziniert, wenn sie von oben nach unten auf ihr eigenes Spiegelbild schauen.
Bieten Sie Material an (z. B. Glasnuggets), das nun auf die Spiegelfläche gelegt bzw. darüber bewegt werden kann. Später wird vielleicht ein weiteres Material angeboten (z. B. Federn zum Pusten).

> **Für die Sinne: Wühlen in Krimskrams**
> Die Haut ist mit vielen feinen Tastkörperchen ausgestattet. Wenn die Kinder mit Händen und Füßen in Kisten herum wühlen, so kann der Inhalt zu einer Erlebnisreise für den Tastsinn werden.

Papierbad

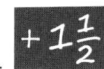

Material: Zeitungen, Prospekte, Seidenpapier, geschreddertes Altpapier, Kisten, Wannen oder Planschbecken

Verteilen Sie in einem möglichst leeren Raum Papier auf dem Boden und beobachten Sie, was die Kinder spontan damit anfangen. Vielleicht entdecken einige, dass man Papier knüllen und reißen kann.
Bieten Sie Kisten, Wannen oder ein Planschbecken an. Hier kann Papier – ob ganz oder zerknüllt – eingeworfen und ausgeleert werden. Wer möchte sich einmal mitten in ein Bad aus Papier hineinsetzen?

> **Ideal für Pappenheimer: Papier und Pappe**
> Schon kleine Kinder haben Interesse an Papier. Sie schauen zu, wie andere darauf malen oder schreiben, wie sie Zeitung lesen, das Papier zerreißen, zerschneiden, knüllen. Papier ist geduldig und leicht verfügbar.

Jetzt sind wir „von der Rolle"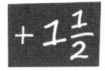

Material: Papprollen von Toilettenpapier oder Haushaltsrolle, langes Brett
Für die Variation: Fingerfarben (eventuell Klebeband)

Papprollen dürfen befühlt und untersucht werden. Was kann man damit alles machen? Am besten rollen sie, wenn wir eine Rampe bauen – z. B. mit Hilfe eines Brettes – und viele Rollen nacheinander kullern lassen.

Variation: Fingerfarben auf ein Brett geben und die Papprollen darüber bewegen, sodass sie sich bunt färben.

Ab 3 Jahren können Kinder die Papprollen

- zu einer „Schlange" hintereinander oder nebeneinander legen (die Rollen mit Klebeband verbinden)
- als „Fernglas" zum Durchgucken benutzen
- nebeneinander zu einem „Floss" zusammenkleben (schwimmt kurze Zeit auf Wasser)
- mit Klebeband zu einer langen Röhre verbinden und eine Kugel hindurchrollen lassen (Murmelbahn)
- auf lange Stöcke oder Zweige stecken

Teile verbinden
Kinder lieben es, Teile (aus Papier oder Pappe) miteinander zu verbinden. Dazu schneiden Sie vorab aus festem Klebeband viele kleine Stücke (2–4 cm lang), die Sie mit einem Ende einfach an eine Tischkante oder ans Fensterbrett heften. Jetzt Stückchen abziehen und damit Papier- und Pappteile aneinander kleben.

Nicht nur für den Po: Toilettenpapier

Material: mehrere Rollen Toilettenpapier

Für die Variation: Rutschautos

In einem möglichst leeren Raum: Toilettenpapierrollen ausrollen und Bahnen auf dem Boden entstehen lassen. Beobachten Sie, was die Kinder nun von sich aus tun und welche Ideen sie entwickeln.

Variation: Am Ende können Rutschautos in den Raum geholt werden. Man kann durch Papier fahren, das auf der Erde liegt, oder sogar durch eine „Wand" (einen Papierstreifen, der von anderen Kindern gehalten wird).

Klebstoff selbst gerührt

- Tapetenkleister ist ein kostengünstiger und unbedenklicher Klebstoff für kleine Kinder
- Man kann auch Mehl mit Wasser mischen (eventuell aufkochen) und zum Kleben verwenden
- Zuckerkleber: 2 gehäufte EL Mehl mit ½ Tasse Wasser im Kochtopf verrühren, 1 Tasse heißes Wasser dazu geben und unter Rühren aufkochen, 1 EL Zucker einstreuen, umrühren und abkühlen lassen.

Erlebnisspiele mit Tüchern und Stoffen

Material: Stoffwindeln (eventuell vorher in der Waschmaschine mit Stofffarbe einfärben), Chiffontücher, einfarbige Dekostoffe

Kleine Kinder lieben es, sich Tücher über den Kopf zu legen und anschließend mit einem „Kuckuck"-Ruf wieder aufzutauchen.

Auch Gegenstände kann man unter Tüchern verschwinden und auftauchen lassen. Tücher eignen sich auch in Kombination mit Bausteinen zum Bauen (als Dach, als Wiese o.Ä.).

Allerlei aus Bierdeckeln

Material: Bierdeckel

Für die Variation: Fingerfarbe (eventuell Brett), Pappe oder Tapete, Klebstoff (Kleister, Klebeband oder selbst gerührter Klebstoff)

Überlassen Sie die Bierdeckel den Kindern zum freien Spiel. Die Kinder können die Deckel auf dem Boden auslegen, stapeln, in Kartons füllen und ausleeren usw.

Variation: Fingerfarbe direkt mit den Fingern auf Bierdeckeln verstreichen oder Farbe in Tupfen auf ein Brett geben und Bierdeckel darauf drücken bzw. darüber bewegen. Nach dem Trocknen bunte Deckel auf Pappe oder Tapete kleben (mit Kleister oder Stückchen von Klebeband). Sieht aus wie ein buntes Mosaik. (ab 2 ½ Jahren)

Sammeln, sammeln ...

Heben Sie möglichst unterschiedliche Papierreste in einer speziellen Kiste auf, z. B. alte Prospekte, Kataloge, Tortenspitze, Gold- und Silberfolie, Transparentpapier, Tapetenreste, gebrauchtes Geschenkpapier, getrocknete und ausrangierte Schmierexperimente der Kinder, alte Poster ... ebenso wie Papprollen, Bierdeckel, Eierkartons oder Stoff- und Wollreste.

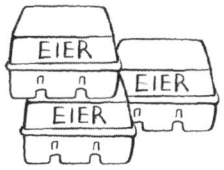

Gestalten mit Eierkartons

Material: Eierpaletten oder -kartons, Tapetenkleister (mit Wasser anrühren), Reste (z. B. Perlen, Steine, Federn, dicke Knöpfe ...)
Für die Variation: Ton oder Salzteig

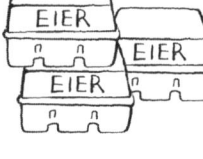

Was tun Kinder von sich aus mit Eierkartons? Nach der Experimentierphase können die Mini-Künstler Kleister in die Vertiefungen geben und Reste hineindrücken (Federn, Steinchen, Papierschnipsel ...).

Variation: Ton oder Salzteig in die Vertiefungen geben, Materialien hineindrücken und die Masse im Eierkarton trocknen lassen.

> **Pappmaschee für Minis**
> Eierkartons zerbröseln und mit Tapetenkleister in eine Plastikschüssel geben. Die Masse eignet sich zum Matschen und Formen. Kinder können den „Brei" auf Papier oder Pappe streichen. Nach dem Trocknen ist vielleicht ein fertiges Bild entstanden.

Eine Welt aus Watte

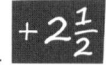

Material: Kosmetikwatte
Für die Variation: Watte(-pads), Pappe, Tapetenkleister, Temperafarbe oder Pflanzenfarbe (z. B. Kirsch- oder Spinatsaft ...), Schälchen, Küchenpapier

Interessant ist besonders Watte in breiten Lagen, die sich wie ein Flies auseinanderziehen lässt.

Kinder können Watte befühlen, reißen, pusten oder zu Kugeln formen.

Variation: Watte lässt sich zu einem Bild zusammenfügen: Dazu geben die Kinder Kleister auf eine Pappe, zerreißen Watte zu Stückchen und drücken sie auf den Untergrund. Soll Watte farbig werden? Dazu Watte(-pads) in ein Schälchen mit Farbe tauchen, kurz vollsaugen lassen, herausnehmen und auf Küchenpapier zum Trocknen auslegen. Später können die Kinder die farbige (geklumpte) Watte mit Kleister auf Papier aufkleben.

Pappteller bekleben

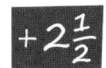

Material: Pappteller, Tapetenkleister, bunte Papierschnipsel (zusätzlich auch Konfetti, Stoffschnipsel, Geschenkband, Federn, Wolle ...)

Was kann man mit einem Pappteller alles tun? Man kann ihn rollen, werfen, drehen und ...?

Soll er bunt werden: einfach mit Tapetenkleister einstreichen, Schnipsel aus der Restekiste darauf verteilen und trocknen lassen. Die bunten Teller kann man gut als Bilder an die Wand hängen.

Praktisch lassen sich die Teller als Schläger für Bälle oder Luftballons verwenden. Man kann auch draußen einen Baum damit „schmücken", beobachten, wie sich die Teller im Wind bewegen.

Kunststück – stückchenweise

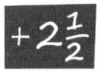

Material: unterschiedliche Papiere aus der Restekiste
Für die Variation: Tapetenkleister oder Klebestifte, Tapete

Die Kinder können sich Papier aus der Restekiste wählen, es näher betrachten, befühlen, auf dem Boden auslegen. Fetzen von Papier lassen sich auch nach Farben sortieren, in Gefäße einfüllen und wieder ausleeren.

Variation: Wenn die Kinder Interesse an dauerhaften Klebebildern haben, so können sie einfach ein Stück Tapete mit Kleister einstreichen und Schnipsel darauf legen. Oder: Schnipsel einzeln mit Kleister oder Klebestift bestreichen und auf das Blatt drücken.

Übrigens lassen sich Pappkartons, Schachteln oder Pappteller mit Schnipseln bunt gestalten.

Leicht und weich: Wolle, Watte, Stoffe
Ist das nicht kuschelig? Weiche Sachen sind Glücksmomente für die Sinne. Alltagsmaterialien wie Wolle, Watte, Stoffe oder Geschenkbänder können Kinder über einen längeren Zeitraum sammeln.

Frühling, Sommer, Herbst und Winterwelt

KREATIVE ANGEBOTE FÜR DIE JAHRESZEITEN

Schon sehr junge Kinder erleben die Jahreszeiten mit ihren vielfältigen Veränderungen. Was ist faszinierender als sich im Freien zu bewegen, verschiedene Wetterlagen, Temperaturen und Elemente zu erfahren, Schätze in der Natur zu sammeln?

Frühlingslandschaft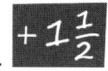

Material: Moos, Gras / Heu, Zweige, Blätter, Steine, ... Beutel zum Transport, erste Wiesenblumen oder Schnittblumen (Achtung! Einige sind giftig – bitte vorher informieren!)

Dazu eventuell: Märchenwolle, Federn

Bei einem Spaziergang können Kinder Naturschätze (in Beuteln) sammeln. Wieder daheim im Gruppenraum soll anschließend eine Ecke frühlingshaft gestaltet werden. Vielleicht legen die Kinder aus Moos, Gras, Zweigen oder Stroh ein Osternest und stellen Frühlingsblumen in verschiedenen Gefäßen dazu.

Hinweis: Die Landschaft darf fortlaufend erweitert werden, wenn Kinder neue Schätze finden. Soll ein „Vogel" ins (Oster-)nest? Einfach aus Märchenwolle eine Kugel formen, ins Nest setzen und Federn hinein stecken. Für einen „Hasen" ein Stückchen Fell nehmen oder gleich einen fertigen Stoffhasen aussuchen.

> **Frühling und Ostern**
> Wie riecht der Frühling? Haben die Kinder draußen schon die ersten Frühlingsboten entdeckt? Doch der Frühling zieht auch in Räume ein. Drinnen bauen wir eine Frühlingslandschaft oder ein kuscheliges Osternest und gestalten die ersten bunten Ostereier.

Eier-Bade-Spaß

Material: Eier aus Watte, Temperafarben, breite Schälchen, Löffel, kleine Siebe / Kellen, Küchenkrepp

Temperafarben mit viel Wasser mischen und in Schälchen füllen.

Nun heißt es für die Watteeier: Ab in die „Badewanne"! Die Kinder können die Eier mit Hilfe von Löffeln und Sieben in das Farben-Bad legen, sie dann wieder herausfischen und auf Küchenkrepp trocknen lassen.

Ei im Karton

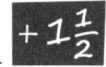

Material: Watte- oder Styroporeier, Schuhkartons, Fingerfarben

Die Kinder klecksen reichlich Fingerfarben auf den Boden eines Schuhkartons und legen anschließend ein Ei hinein. Bewegen sie nun den Karton, indem sie ihn rütteln und schütteln, so rollt das Ei durch die Farben und ist am Ende bunt gefärbt. Wenn das nicht ausreicht: Watteei mit den Händen durch die Farbe wälzen.

Färben auf die Schnelle!
Plastiktüte mit Fingerfarbe bunt bemalen. Dann Tüte umstülpen, sodass die Farbe innen ist. Anschließend Watteeier hineingeben. Tüte mit den Eiern auf den Tisch legen und mit den Händen hin und her bewegen. Fertig sind die bunten Eier!

Kleister-Schnipsel-Eier

Material: Eier aus Watte, lange Schaschlikspieße, Tapetenkleister, Eimer, Kartons mit Schnipseln (Seiden- und Buntpapier, Federn, Märchenwolle, Stofffetzen ...)
Für die Variation: Kinder-Schuhkarton

Durch jedes Watteei einen Schaschlikspieß stechen (Spitze abbrechen). Dann Tapetenkleister im Eimer mit Wasser anrühren (dünnflüssig).

Nun können die Spieße mit den Eiern erst in den Kleister getaucht und anschließend durch die Restekiste(n) bewegt werden. Nehmen die Kinder die Spieße wieder heraus, so sind viele Schnipsel am Ei kleben geblieben.

Zusätzlich einzelne Schnipsel mit den Fingern andrücken!

Zum Trocknen Spieße in Gläser oder Flaschen stellen.

Variation: Eingekleistertes Watteei mit dem Spieß in einen Schuhkarton stecken (vorher seitlich jeweils ein Loch in den Karton bohren). Anschließend Schnipsel über das (eingekleisterte) Ei streuen. Das Ei am Spieß drehen, damit es rundum „eingeschnipselt" wird.

Osterwiese vor dem Fenster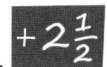

Material: Gras, Klee, Heu, (ungiftige) Blütenblätter ..., durchsichtige Geschenkfolie, durchsichtiges Klebeband, Tapetenkleister (mit Wasser anrühren)
Für die Variation: Klarsichthüllen / Prospekthüllen

Sammeln Sie mit den Kindern Gras, Klee, Blütenblätter u. Ä. in der Natur. Im Raum legen Sie dünne Folie über einen Tisch. Befestigen Sie die Folie an den Ecken mit Klebeband. Fleißige Matschhände können nun Kleister auf der Folie verstreichen. Nach dem Händewaschen gesammelte Naturschätze auf die Folie drücken und nach dem Trocknen die beklebte Folie („Frühlingswiese") mit durchsichtigem Klebeband an eine große Fensterscheibe kleben.
Variation: Ein kleines Fensterbild für jedes Kind: einfach durchsichtige Prospekthüllen mit Kleister einstreichen, Natur-Materialien darauf streuen, trocknen lassen.

Kreative Sommerspiele
Warme Temperaturen im Sommer laden dazu ein, Erfahrungsspiele mit Wasser, Sand, Farben und allerlei Naturmaterialien zu ermöglichen. Dabei darf es ruhig einmal „schmutzig-spritzig" zugehen.

Blütenteppich

Material: runde Tortenuntersetzer aus Pappe, Tapetenkleister, Wasser, Plastikschüssel, Schneebesen, dazu Körbchen / Stofftaschen zum Sammeln der Naturmaterialien

Nach dem Sammeln der Naturmaterialien:
Die Kinder rühren Tapetenkleister mit Wasser (und Schneebesen) in einer Schüssel an. Jetzt die Tortenuntersetzer dick einkleistern, Blüten, Blätter und Gras auf den Kleister streuen. Eventuell andrücken. Schon hat jedes Kind einen fertigen „Blütenteppich", der nach dem Trocknen gleich an die Wand gehängt werden kann.

„Wasser in der Tüte"

Material: Gefrierbeutel, dünne, durchsichtige Plastiktüten, Gießkannen, Lebensmittel- oder Temperafarbe, feste Papierbahnen

Für die Variation: Milchtüten aus Pappe (mit Schraubverschluss), Handbohrer

 Die Kinder füllen Wasser mit Hilfe von Gießkannen in Plastiktüten. Ein Erwachsener knotet die Tüten fest zu. Eventuell dem Wasser vorher Lebensmittelfarbe oder Tempera beimischen!

Die Kinder können die gefüllten Tüten befühlen, herum tragen, auf die Haut legen, darüber laufen.

Mit Farb-Wasser gefüllte Tüten (für ältere Kinder auch Luftballons) auf Papierbahnen werfen, bis sie reißen. So werden sie zu „Farbenbomben".

Variation: Die Kinder füllen leere Milchtüten (aus Pappe) mit Wasser und schrauben sie wieder zu. Dann mit Handbohrer viele Löcher rundum in die Wände der Tüte piksen. Ein Erwachsener sollte die Löcher zuvor leicht vorbohren!

Mit der „Milchtüten-Dusche" Steinplatten, Beete, Papier oder den eigenen Körper begießen.

Bunte Wasser-Folie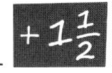

Material: Malerfolie, Blumenspritzen, alternativ auch Plastikflaschen (dabei am besten Löcher in den Flaschenboden bohren, sodass jeweils ein kleiner Farbstrahl austreten kann), Temperafarbe, Wasser

Für die Variation: weiße Papierbögen

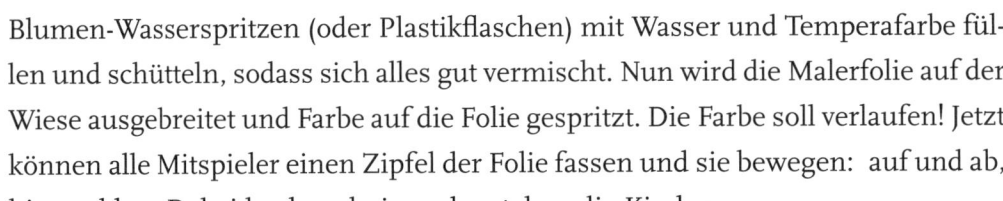

Blumen-Wasserspritzen (oder Plastikflaschen) mit Wasser und Temperafarbe füllen und schütteln, sodass sich alles gut vermischt. Nun wird die Malerfolie auf der Wiese ausgebreitet und Farbe auf die Folie gespritzt. Die Farbe soll verlaufen! Jetzt können alle Mitspieler einen Zipfel der Folie fassen und sie bewegen: auf und ab, hin und her. Dabei hocken, knien oder stehen die Kinder.

Variation: Zum Schluss wird die bunte Folie wieder auf den Boden gelegt. Jedes Kind kann ein weißes Blatt darauf legen und wieder abziehen. Wie sieht es jetzt aus?

Sommerlicher „Wassergarten"

Material: Planschbecken, Wannen, Schüsseln. Dazu kleine Siebe, Schöpfkellen, verschiedene Materialien, die im Wasser nicht schwimmen (z.B. Steine, Kies, Sand, Muscheln ...)
Für die Variation: Materialien, die schwimmen (z.B. Tischtennisbälle, Styropor, Korken, Federn, Papier, Rinde, Dosen aus Kunststoff ...)

Füllen Sie die Gefäße halbvoll mit Wasser. Die Kinder geben Materialien hinein, die auf den Grund sinken.
Wer möchte im Wasser den Untergrund mit Händen und Füßen fühlen?
Variation: Die Kinder geben ein Material, das schwimmen kann, auf die Wasseroberfläche (z.B. Korken). Stellen Sie Siebe und Kellen zur Verfügung, mit denen schwimmende Teile herausgefischt werden können.

Hinweis: Achtung! Kleinkinder nie unbeaufsichtigt im Wasser spielen lassen!

Farbenrutsche

Material: langes Brett, Kiste oder Eimer, Tapete, Temperafarbe, Wasser, Becher / Kannen

Mischen Sie mit den Kindern Temperafarbe mit viel Wasser. Füllen Sie die Farbe in Joghurtbecher oder Kannen. Legen Sie mit den Kindern das Brett mit einer Seite auf eine Kiste oder einen Eimer, sodass eine Schräge entsteht. Das untere Ende des Brettes setzen Sie auf die Tapete.
Was ist zu entdecken, wenn die Farbe oben auf dem Brett ausgeschüttet wird und langsam auf das Papier herunter läuft und sich dort ausbreitet?
Tapete vorher mit Wasser anfeuchten. Was ist jetzt zu beobachten?

Schätze des Sommers

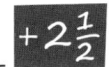

Material: sauberer Spielsand, Tapetenkleister (Wasser), Plastikschüssel, Deckel von Schuhkartons oder von großen Käseschachteln, gesammelte „Schätze" (z. B. Muscheln, Steine, Schneckenhäuser, Stöckchen, Rinde ...)

Tapetenkleister mit Wasser anrühren und so viel Sand zugeben und verrühren, dass ein Brei entsteht.

Spannend ist es, den Sand-Kleister-Brei in den Deckel eines Schuhkartons oder in den Deckel einer großen Käseschachtel zu geben und gesammelte Schätze hinein zu drücken. Nach dem Trocknen ist ein fertiges Sand-Kleister-Relief entstanden.

Kastanien-Fühl-Bad

Material: viele Kastanien, große Kartons bzw. Wannen (oder Planschbecken zum Aufpusten), eventuell Becher, Kellen, Löffel
Für die Variation: Gefäße mit Wasser, kleine Siebe oder Schöpfkellen

Sammeln Sie mit den Kindern Kastanien und geben Sie die Früchte in einen großen Pappkarton, eine Wanne oder ein leeres Planschbecken. Wer möchte einmal darin „baden"? Dazu am besten bis auf die Windel ausziehen und nichts wie hinein! Später gibt es Becher, Kellen und Löffel. Damit lassen sich Kastanien in Gefäße ein- und umfüllen.

Variation: Lauwarmes Wasser in Waschbecken, Wasch-Rinnen oder Schüsseln füllen und Kastanien hineingeben. Schwimmen Kastanien eigentlich? Wer möchte mit kleinen Sieben die Kastanien heraus fischen und dann vielleicht erneut in das Wasser purzeln lassen?

Der Herbst ist da
Jetzt färben sich Blätter in leuchtenden Farben, so als sei ein Maler am Werke gewesen. Fallendes Laub regt zu Spielen an. Eicheln, Kastanien und andere Herbstfrüchte fordern die Sammelleidenschaft heraus und geben der Fantasie Flügel.

Blätter-Brösel-Staub

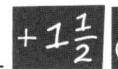

Material: Herbstblätter, Eimer oder Kartons (bei Bedarf Steine, Schippen)
Für die Variation: Tapetenkleister (eventuell dicke Pappe oder Sand-Spiel-Förmchen)

Blätter mit Händen, Füßen oder Steinen zerbröseln oder zermahlen, sodass sich Schnipsel oder „Blätterstaub" bilden. Der Staub lässt sich mit Schippen auf dem Erdboden verteilen, in Gefäße ein- und umfüllen, im Wind zerstreuen.

Variation: Die Kinder verrühren Blätter-Schnipsel oder Blätter-Mehl mit Kleister und matschen darin.

Auf Pappkarton gestrichen und getrocknet ergibt sich ein bleibendes Blätter-Brösel-Bild.

Man kann auch das Gemisch aus zerbröselten Blättern und Kleister in Sandspielförmchen geben. Förmchen umstülpen und „Blätter-Kuchen" bewundern.

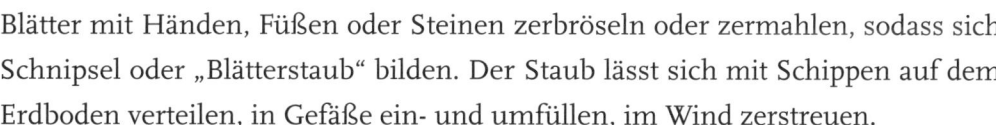

Blätter-Tanz und Regenbogen

Material: Beutel zum Sammeln, Kisten zum Sortieren, eventuell große Malerfolie für das Bewegungsspiel
Für die Variation: angerührter Tapetenkleister, Tapete, eventuell dicke Malerpinsel

Die roten, gelben, braunen, grünen Blätter werden von den Kindern nach Farben in Kisten einsortiert. Wer kann schon die Farben richtig benennen?

Man kann auch Blätter auf eine große Malerfolie legen. Die Kinder fassen die Folie und bewegen sie, sodass die Blätter fliegen.

Variation: Tapete mit Kleister einstreichen. Dann bitte: Hände säubern!

Im Anschluss kommt ein Sturm, und die Blätter fallen auf den Kleister bzw. werden darauf gelegt (kunterbunt oder nach Farben sortiert). Blätter kann man auch in Form eines Regenbogens anordnen!

Nach dem Trocknen: Buntes Blätterbild an die Wand hängen.

Kastanien stecken

Material: Kastanien, Handbohrer mittlerer Stärke, dünne Kunststoff-Wäscheleine, dünne, lange Rundhölzer oder lange Strohhalme
Für die Variation: Ton oder Salz-Mehl-Teig

Bohren Sie mit dem Handbohrer möglichst große Löcher in Kastanien.
Kastanie dazu in einen hölzernen Nussknacker (mit Drehschraube) einspannen. So ist sie fixiert und lässt sie sich leichter anbohren.

Stellen Sie die Kastanien zum freien Spiel zur Verfügung. Bieten Sie Materialien an, die man eventuell durch die Öffnungen in den Kastanien fädeln kann (z. B. dünne Kunststoff-Wäscheleine). Die Kastanien lassen sich auch auf lange Rundhölzer oder Strohhalme stecken.
Variation: Kastanien in Ton oder Salzteig drücken / stecken. Sind keine Kastanien vorhanden: dicke Perlen auffädeln lassen. Es gibt eigens Perlen für Kinder U 3.

Kastanien-Farbenschleuder

Material: Stöcke (aus der Natur), Bindfaden, Schere, alte Strümpfe, 10–15 Kastanien als Füllmaterial, Temperafarbe, Wasser, Tapete, flache Gefäße für Farbe (z. B. Blumenuntersetzer)

Füllen Sie einen alten Strumpf mit Kastanien. Knoten Sie einen Bindfaden an das gefüllte Strumpfsäckchen (Länge des Fadens: 50–80 cm).
Binden Sie das andere Ende des Fadens vorn an einen Stock.
Nun können die Kinder den Stock nehmen und den Strumpf, der an dem Faden baumelt, in Farbe eintauchen (sie sollte mit Wasser gemischt und sehr flüssig sein).
Wird das in Farbe getränkte Strumpf-Säckchen nun mit Hilfe des Stocks über das Papier gezogen, so entstehen interessante Spuren.

Tüten-Laterne

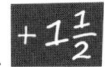

Material: Einkaufstüten aus Papier (nicht bedruckt) mit Griffen, Fingerfarben (oder weiche Stifte), Laternenstock mit elektrischer Glühbirne

Die Papier-Tüten werden von den Kindern mit Fingerfarbe (oder Stiften) individuell gestaltet.

Zum Trocknen einfach an eine Wäscheleine hängen.

Später sollen die Tüten an einen Laternenstock mit Glühbirne gehängt werden, sodass sie leuchten.

Leuchtet die Tüte nicht genug, kann ein Erwachsener einfach den Boden mit einer Schere abschneiden.

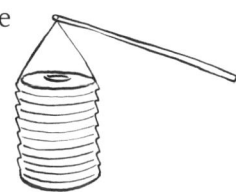

Farbenspiel im Halbdunkel

Material: mehrere alte CDs, Taschenlampen

Die Kinder halten ihre CD schräg vor eine weiße Wand und leuchten die CD mit ihrer Taschenlampe an. Was passiert?

An der Wand ist eine Art Regenbogen zu sehen.

Blätter nageln

 Material: Styroporplatten (Verpackungsmaterial), Herbstblätter ... dazu Holzstäbchen, Nägel oder Stifte

Styroporplatten und Herbstblätter auslegen. Jeweils ein Herbstblatt mit einem Stäbchen oder Nagel durchbohren und auf die Platte heften. Sind die Platten voller Blätter, kann man sie aufstellen oder im Raum an die Wand hängen.

Tisch-Licht mit Blättern

Material: Einweck-Gläser, Tapetenkleister (mit Wasser anrühren), Herbstblätter, Teelichter

Die Kinder geben Kleckse von Kleister auf ein Einweck-Glas und verschmieren sie dort. Anschließend werden Blätter in den Kleister gedrückt. Trocknen lassen und fertig ist die Blätter-Laterne. Zum Leuchten ein Teelicht in das Glas stellen.

Lichträume, Licht-(t)räume
In Begleitung Erwachsener dürfen kleine Kinder erste Erfahrungen mit Kerzen sammeln. Taschenlampen und andere Lichtquellen erzeugen zauberhafte Effekte. Einfache Schattenspiele regen die Fantasie an und fesseln die Konzentration.

Licht und Schatten

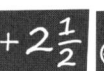

Material: viele unterschiedliche Taschenlampen, eventuell weißes Bettlaken und Wäscheleine
Für die Variation: Lampe oder Diaprojektor

Dunkeln Sie den Raum etwas ab. Wählen Sie eine weiße Wand aus oder spannen Sie ein weißes Betttuch. Verteilen Sie unterschiedlich große Taschenlampen. Die Kinder schalten ihre Taschenlampen ein und aus und lassen Lichter über die Wand huschen.
Variation: Als Schattenspiel: Stellen Sie eine Lichtquelle (Lampe, Diaprojektor) hinter ein weißes Tuch. Die Kinder können Gegenstände (z. B. Spielzeuge) dicht an das Tuch halten oder sich selbst dahinter aufstellen. Die Zuschauer lassen sich von den Schattenspielen faszinieren.

Hinweis: Weißes Papier hinter einen Bilderrahmen kleben. Den Rahmen auf einen Tisch stellen und eine Lampe dahinter aufbauen. Wie oben beschrieben für Schattenspiele nutzen.

Mein eigenes Transparent

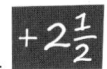

Material: fertig gemaltes „Lieblingsbild" (am besten mit Stiften / Kreiden oder Temperafarben gemalt), Öl (z. B. Sonnenblumen- oder Olivenöl), Schälchen, Zeitungspapier, eventuell Schwämmchen
Für die Variation: Einweck- oder Marmeladenglas und Teelicht

Die Kinder wählen ein fertig gemaltes Bild aus ihrer Sammlung, legen es auf Zeitungspapier und streichen es mit den Fingern oder mit Hilfe eines Schwämmchens mit Öl ein. Bild zum Trocknen auf der Zeitung liegen lassen, später überflüssiges Öl mit einem Papiertaschentuch abwischen. Das Bild ist durchscheinend und kann als Transparent an die Fensterscheibe geheftet werden.
Variation: Glas mit Kleister einkleistern und Transparent darum kleben. Eventuell überstehendes Papier abschneiden. Teelicht in die Mitte stellen.
Schon leuchtet das eigene Bild in Form einer Laterne.

Laterne aus Folie

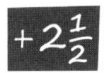

Material: Goldfolie, Handtücher oder Filzunterlage. Nach Wahl: dünne Rundhölzer, Käsespieße, Schaschlikspieße, Gabeln

Handtuch mehrfach falten und Goldfolie darauf legen. Die Kinder können nun mit spitzen Gegenständen viele Löcher in die Folie hinein piksen.
Die durchlöcherte Folie später um ein Einweck- oder Marmeladenglas herumkleben und ein Teelicht ins Glas stellen.

Winterspaß für Flockenkinder
Es gibt wohl kaum ein Element, das Kinder und Erwachsene so sehr verzaubert wie Schnee und Eis. Hat es geschneit, so hält es selbst die Kleinsten nicht mehr im Haus.
Aber auch drinnen kann man – mit Farben, Papier und Modelliermasse – in kuscheliger Wärme kreativ werden.

Malen im Schnee

Material: Wasser, Lebensmittelfarbe (oder Obstsaft), Wäschesprenger (oder Blumen-Wasserspritzen)

Färben Sie Wasser (zuvor in Gefäße füllen) mit Lebensmittelfarbe oder Obstsaft ein. Füllen Sie die Flüssigkeit in Wäschesprenger und verschließen Sie diese dann wieder. Man kann auch Blumenspritzen nehmen.
Nun können die Kinder das farbige Wasser auf einem Schneefeld verspritzen und über die Effekte staunen.
Variation: Durch den Schnee laufen und die eigenen Fußabdrücke einfärben. (ab 2 Jahren)

Schnee-Mosaik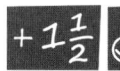

Material: Becher, Schälchen, Förmchen aus Kunststoff, Schnee, Schippen (Sandspielzeug), dazu Steinchen, Stöckchen, Kastanien / Eicheln, Baumrinde ...

Die Kinder füllen den Schnee mit Schippen in Behälter und klopfen ihn fest. Dann Behälter umdrehen und „Schneekuchen" bewundern.
Sie können auch Stöcke, Steine u. Ä. in die mit Schnee gefüllten Förmchen oder fertigen „Kuchen" stecken.
Zur Beobachtung: Schneeförmchen in den Waschraum tragen und in Waschbecken die Stadien der Schneeschmelze bestaunen.
Variation: Großes Schnee-Mosaik: Dazu mit einem Besen im Schnee eine ebene Fläche fegen. Teile für das Mosaik sammeln (Steine, Rinde, Stöckchen ...) und gemeinsam in den Schnee hinein drücken.

Flaschen-Bob-Rennen

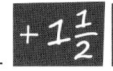

Material: Kunststoffflaschen, Wasser, eventuell (Lebensmittel-)Farben

Die Kinder füllen (warmes) Wasser in die Kunststoffflaschen.
Eventuell etwas Farbe dazu geben. So wirken die Flaschen interessanter. Dann geht es ins Freie an einen Schneehang.
Nun die erste Flasche „rodeln" lassen. Durch die Wärme des Wassers in der Flasche taut der Schnee etwas an, und es bildet sich während der Abfahrt ein „Eiskanal".
Der nächste „Flaschen-Bob" kann an den Start gehen und den „Eiskanal" hinunter brausen.

Eisfarben

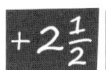

Material: Formen für Eiswürfel, Wasser, Korken, Gummiband oder andere breite Bänder, Lebensmittelfarbe, dickes Papier

Färben Sie Wasser mit Lebensmittelfarbe ein. Die Kinder füllen das gefärbte Wasser in Eiswürfel-Formen ein. Geben Sie in jede Form einen Korken, der mit einem Gummiband o. ä. Band fixiert wird.
Nun über Nacht in den Kühlschrank oder bei Gefriertemperaturen nach draußen stellen. Am nächsten Tag Formen mit etwas warmem Wasser antauen, Würfel mit den fest gefrorenen Korken heraus lösen.
Nun können die Kinder mit den „Eis-Stempeln" auf dickem Papier, im Waschbecken oder versuchsweise auch auf der eigenen Hand oder dem Arm Spuren hinterlassen.

Weiße Welt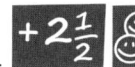

Material: schwarzer Karton, weiße Fingerfarbe, Kinderzahncreme, weiße Schulkreide

Für die Variation: Tapetenkleister, weißes Transparentpapier, weiße bzw. silbrige Papierschnipsel, Styroporschnee, Watte, Wattepads ...

Die Kinder hinterlassen mit weißer Schulkreide oder mit weißer Fingerfarbe (bzw. Zahnpasta) auf dem schwarzen Untergrund Spuren, sodass ein interessanter Schwarz-Weiß-Kontrast entsteht.

Variation: Wenn die Farbe getrocknet ist, können die Kinder auf einzelne Stellen des Bildes Kleister geben und weiße Papierfetzen, Silberfolie, Styroporschnee oder weiße Watte aufstreuen.

Mini-Weihnachtsbäume

Material: Ton (ersatzweise Salz-Teig), kleine Tannenzweige, dicke Pappe.
Zum Schmücken: Geschenkbänder, Wollfäden, Papierstreifen

Die Kinder geben Tonklumpen auf Pappe. Sie probieren, was sie mit den Tannenzweigen tun können. Vielleicht in den Ton hinein stecken?
Schon ist ein kleiner „Weihnachtsbaum" entstanden. Soll er geschmückt werden?
Dann vielleicht Geschenkbänder, Wolle, Papierstreifen hinein hängen.
Viele Weihnachtsbäume ergeben einen „Tannenwald". Der Wald bleibt womöglich auf einer alten Tischplatte dauerhaft über die Vorweihnachtszeit stehen und wird mit immer neuen Materialien weitergebaut (z. B. Tannenzapfen, Moos, Steinen ...). Es können auch Holztiere und sogar Krippenfiguren hinzugestellt werden.

Lichter-Meer

Material: Ton, Teelichter

Für die Variation: Teigrollen (oder Kunststoffflaschen)

Geben Sie den Kindern jeweils einen Klumpen Ton zum freien Experimentieren. Er sollte weich und formbar sein.

Bieten Sie ein Teelicht an, das in einen weichen Tonklumpen gedrückt werden kann. Am Ende der Spielphase werden alle Teelichter, die im Ton stecken, von einem Erwachsenen angezündet. Dazu schauen die Kinder mit etwas Abstand zu (bilden vielleicht einen Kreis).

Variation: Mit Hilfe der Teigrollen kann der Ton auch zu einer Platte ausgewalzt werden. Werden jetzt viele Teelichter – mit entsprechenden Abständen – hineingedrückt und von einem Erwachsenen angezündet, so haben wir einen „Lichter-Teppich".

Hinweis: Kerzen nur unter Aufsicht verwenden!

Weihnachtliches Duftbild

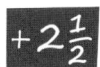

Material: Gewürze (reihum von einzelnen Eltern mitbringen lassen), z. B. Zimt, Muskatnuss, Gewürznelken, Vanille, Pimentkörner, Sternanis, getrocknete Orangen- und Zitronenscheiben usw., Löffel, dicke Pappe

Die Kinder dürfen an den Gewürzen schnuppern und sie in Gläsern sortieren. Schraubt man die Gläser zu, so lässt sich der Inhalt länger aufheben.

Nach der sinnlichen Erfahrung geht es ans Werkeln. Dazu Pappe oder Tapete mit Kleister einstreichen. Anschließend können die Kinder Gewürze auf den Kleister streuen. Dann wird alles getrocknet und aufgehängt. Wie lange duftet das Bild noch?

Sterne aus Ton und Wachs

Material: Ton (ersatzweise Salz-Mehlteig), dazu Backförmchen zum Ausstechen (Sterne, Monde ...), Nudelhölzer oder Plastikflaschen, Pfannenwender
Für die Variation: Dünne Platten aus Bienenwachs

Gemeinsam mit den Kindern wird der Ton oder der Salzteig auf der Tischplatte mit den Händen flach geklopft bzw. mit Nudelhölzern oder Plastikflaschen ausgerollt. Nun können Ausstechformen hineingedrückt werden.

Wenn die Kinder an bleibenden Formen interessiert sind, so versuchen sie vielleicht, die Abdrücke mit Pfannenwendern oder mit den Händen herauslösen (auch mehrere auf einmal). Zum Trocknen auf die Fensterbank legen! Oder die Masse wieder zu einem Klumpen zusammenfügen, und das Spiel beginnt von vorn.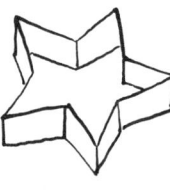

Variation: Bieten Sie Platten aus Bienenwachs an. Auch hier können Ausstechformen eingedrückt und anschließend fertige Sterne herausgelöst werden, die man mit Draht durchbohren und an einen Tannenzweig hängen kann.